당신에게 끝까지 다정하기로 했다

Original Title: "Alte Eltern. Über das Kümmern und die Zeit, die uns bleibt"
by Volker Kitz

Copyright © 2024, Verlag Kiepenheuer & Witsch GmbH & Co. KG, Cologne/Germany
Korean Translation copyright © 2025, Gimm-Young Publishers, Inc.
All rights reserved.
The Korean edition was published by arrangement with Verlag Kiepenheuer & Witsch GmbH & Co.KG, through Greenbook Agency, Korea.

이 책의 한국어판 저작권은 그린북 에이전시를 통한 저작권자와의 독점 계약으로 김영사에 있습니다. 저작권법에 의해 한국 내에서 보호를 받는 저작물이므로 무단전재와 무단복제를 금합니다.

당신에게 끝까지 다정하기로 했다

1판 1쇄 발행 2025. 8. 1.
1판 2쇄 발행 2025. 8. 4.

지은이 폴커 키츠
옮긴이 윤진희

발행인 박강휘
편집 박익비 | 디자인 유상현 | 마케팅 김새로미 | 홍보 강원모
발행처 김영사
등록 1979년 5월 17일(제406-2003-036호)
주소 경기도 파주시 문발로 197(문발동) 우편번호 10881
전화 마케팅부 031)955-3100, 편집부 031)955-3200 팩스 031)955-3111

값은 뒤표지에 있습니다.
ISBN 979-11-7332-274-7 03850

홈페이지 www.gimmyoung.com   블로그 blog.naver.com/gybook
인스타그램 instagram.com/gimmyoung   이메일 bestbook@gimmyoung.com

좋은 독자가 좋은 책을 만듭니다.
김영사는 독자 여러분의 의견에 항상 귀 기울이고 있습니다.

폴커 키츠
Volker Kitz

당신에게 끝까지 다정하기로 했다
돌봄과 상실, 부모의 나이듦에 관하여

윤진희 옮김

김영사

당신은 생각한다,
이런 일이 당신에게는 절대 일어나지 않을 거라고,
당신에게는 이런 일이 결코 일어날 수 없다고,
이런 일이 절대로 일어날 리 없는 유일한 사람일 거라고.
그러다가 그 일이 시작된다.
하나씩 하나씩 모든 일이 다른 사람에게 일어난 것과 똑같이
당신에게도 일어난다.

폴 오스터, 《윈터 저널》

내일과 그 필요에 대해 기도하지 않으리라.
하나님, 오늘 하루만이라도 죄의 얼룩에서 저를 지켜주소서.

S. M. X., 〈오-늘〉

차례

들어가며 • 8

1. 멀리 있는 별빛 • 11
2. 수집과 보관 • 39
3. 불안 • 64
4. 현실 공유 • 87
5. 가끔은 평화롭게 • 106
6. 긴급 대피소 • 122
7. 소중한 파편들 • 142
8. 현장 봉인 • 165
9. 복원 가능한 범위 안에 있는 세계 • 184
10. 수치심을 극복하기 위한 시도 • 217
11. 친구 놀이 • 241

참고문헌 • 268

들어가며

나는 곧 우리가 어릴 때 생일마다 엄마가 사용했던 하트 모양의 틀로 케이크를 구울 것이다. 아버지는 케이크에 꽂혀 있는 8과 0의 숫자 초가 자신과 어떤 관련이 있는지 이해하지 못할 것이다. 어쩌면, 그럼에도 나는 손님들을 초대할 것이다. 아버지는 케이크 두세 조각을 먹어치운 뒤, 눈을 감으며 "음~" 하고 만족스러운 소리를 낼 것이다. 우리는 어쩌면 갈아입을 옷이 필요할 것이다. 날씨가 좋으면 쿠담 거리에서부터 기념교회('기념교회 Gedächtniskirche'는 본래 말 그대로 번역하면 '기억의 교회'다—옮긴이)까지 걸어갈 것이다("기억을 잃어가는 네 아버지와 '기억의 교회'로 가는 게 역설적이라고 생각하지 않니?"라고 친구가 묻는다).

'상태'가 안 좋은 날, 아버지는 꼼짝하지 않고 침대에 누워만 있다. 마치 관절 없는 신체를 실험하는 것처럼 느껴진다. 그런 날에는 다가갈 수조차 없다. 아버지는 목소리가 머릿속으로 들어가버린 듯하다. 내가 손을 대면 옅은 신음만 낸다. 아버지 내면에서 마치 용암처럼 움직이고 있는 불안이 우리 몸 밖으로 뚫고 나오지는 못한 채 계속해서 피부를 두드리는 듯하다.

나는 완전히 다르게 상상했었다.
그것이 어떤 문제인지 이미 알고 더는 병을 부정할 수 없는 단계가 되었을 때조차, 나는 이렇게 극단적인 상황에서 아버지를 대하리라고는 생각 못 했다. 지금까지 나는 에너지가 부족한 적이 결코 없었다. 그러나 이제는 아버지는 물론 나 자신조차 진정하거나 용기를 북돋우기에 힘이 달린다. 내가 언제 행동해야 할지 파악하고, 무엇을 해야 할지 결정하는 것마저 힘겹다.
내가 이 글을 쓰는 이유는, 이미 일어난 일들에 억지로 의미를 부여하기 위해서가 아니다. 우리에게 벌어진 일은 그 자체로 여전히 우리에게 남아 있다. 우리가 할 수 있는 일은 그저 이 상황에 적응해가며 잘 헤쳐나가는 것뿐이다. 나는 내 경험에 화려한 금테를 두르지 않을 것이다. 그걸 이상화하거나 낭만화하지도 않을 것이다. 또한 우리를 세상에서 부당한 일을 당한 희생자로 내세우지도 않고, 원망하지도 않을 것이다. 한편으로는 영웅적인 자부심이나 구세주 같은 태도도 드러내지 않고, 또 다른 한편으로는 무엇을 놓쳤거나 부족했다고 자책하지도 않으려 한다. 물론 때로는 이런저런 감정에 빠져들긴 하겠지만 말이다.

나에게 글쓰기란 잘 대처하기 위해 방법을 찾아가는 과정이다. 즉 아버지를 올바르게 대하기 위한 노력이다. 그리고 친숙한 것이 사라진 뒤에 후회하지 않기 위한 방편이다. 그분, 나 자신, 여러 가지 물건과 예전의 방법들이 더 이상 통용되지 않게 변해버린 세상에서 후회하지 않기 위한 방편이다. 그렇게 사라져버린 빈틈을, 이 순간을 위해, 의미 있는 것으로 채운다. 그리고 또 다음 순간을 위해, 또다시 의미 있는 무엇으로 채운다. 그러고 나서 앞으로 어떻게 될지 한번 지켜보기로 하자.

1

멀리

　　　있는

　　　　　별빛

멀리 있는 별빛

별빛은 우리에게 가까이 다가오는 동안 색이 바뀐다. 별이 멀면 멀수록 그 빛은 더욱 강한 붉은색을 띤다. 에드윈 허블Edwin Hubble의 이러한 발견은 우주를 이해하는 우리의 방식을 뒤바꿔놓았다. 우리는 별들이 우리가 있는 곳에서 도망치고 있다고 가정해야 한다.

그것들은 지구와 멀리 떨어져 있을수록 더 빠른 속도로 멀어진다. 마치 경찰차가 우리 바로 옆을 지나쳐 갈 때 사이렌 소리가 변하는 것처럼 속도는 빛의 파장을 늘어뜨린다. 우주의 과거를 돌려보면, 은하들은 서로를 향해 빠르게 다가간다. 멀리 있는 은하일수록 더 빠르게 하나의 점으로 모인다. 빛은 이동하는 데 시간이 필요하기 때문에, 하늘을 바라볼 때 우리는 과거를 보고 있는 셈이다. 매일 아침 어제의 한 조각을 보여주며, 우리의 백미러 속 과거의 지평선은 아주 조금씩 넓어진다. 그리고 우리는 점점 더 정밀한 도구를 이용해 과거를 이해하려고 애쓴다.

그러나 약 138억 년 전 빅뱅이 일어난 그 순간이 우리 시야의 경계선을 만들었다. 아무리 간절히 원해도 우리는 그 경계선 너머로는 나아갈 수 없다. 어느 누구도 빅뱅의 눈부신 빛 너머를 볼 수 있는 방법을 알지 못한다.

이런 인식이 우리에게 불러일으키는 감정은 아마도 요즘 아버지가 종종 느끼는 감정과 비슷할 것이다. 그런 감정이 점점 더 자주 아버지를 찾아오고 있다.

저널리즘 교수 잭 하트Jack Hart는 결코 "어떤 행동을 시작했다"라고 쓰지 말라고 했다. '그가 웃기 시작했다'라고 하는 대신 '그가 웃었다'라고 쓰라는 것이다. 그러지 않으면 행위의 의미가 흐려진다면서 말이다.

그러나 내 아버지는 기억을 마치 열쇠를 잃어버리듯 한순간에 잃지 않았다. 어느 날, 말 그대로 기억을 잃기 시작했다.

나는 베를린의 내 작업실에 앉아 있다. 아버지 또한 그의 방에 있을 것이다. 아버지의 방은 내 집에서 몇 블록 떨어진 곳에 자리한 모퉁이 건물 2층에 있다. 그 건물이나 그곳 주민과 관련 없는 사람들은 여기를 지나가면서, 황금색 차양과 별 다섯 개가 표시된 것을 보고는 고급 호텔을 떠올릴 것이다. 그러나 조금 더 자세히 들여다보거나 안으로 들어가면 '시니어 레지던스'라는 글씨가 빛나는 걸 발견할 수 있다. 내 동생과 나는 그곳을 그냥 '레지던스'라고 부른다. 우리는 현실을 견뎌내기 위해 이런 완곡어법이 필요하다는 사실을 알고 있다. 아버지는 4개월 전인 지난 11월, 40년 넘게 살았던 자신의 집에서 자동차로 7시간 거리에 있는 이 레지던스로 이사했다. 그것은 우리 모두가 함께 내린 결정이며, 함께 시작한 새로운 여정이었다.

나는 몸을 움직일 때마다 매 순간 아버지가 어떤 자세로 있을지, 무엇을 하고 있을지 궁금하다. 만족스러운 눈빛을 하고 있을지, 아니면 불안해하며 무언가 의지할 것을 찾으려 할지 궁금하다. 혹시 그 무언가를 찾지 못한 것은 아닐까. 이제는 우리 두 사람의 상태를 번갈아가며 생각한다. 아버지가 이렇게 가까이에서 살기 시작한 뒤로 우리의 삶은 더 이상 분리할 수 없게 되었다. 마치 불안해하는 두 사람 사이를 오가며 교차 편집한 영화처럼 내 머릿속에서 이런저런 장면이 빠르게 스쳐 지나간다.

밤에 자전거를 타고 외출했다가 집으로 돌아가는 길에 아버지 방 창문 아래를 지나갈 때면 나도 모르게 위를 올려다본다. 가끔은 천장의 등이 켜져 있고 옷장이 열려 있는 게 보인다. 그러면 문득 아버지 방에서 어떤 드라마가 펼쳐지고 있을지 상상한다. 그리고 밤에는 방문을 금지한 게 차라리 다행이라고 생각한다.

아직까지는 아버지가 나를 알아본다. 그렇지만 나는 아버지가 점점 멀어지고 있다는 걸 느낀다. 그것은 마치 연인 관계에서 때때로 상대방이 자기만의 세계에 빠져 있어, 마침내 이별이 멀지 않았음을 느끼는 것과 같다. 멀어져버린 연인하고는 나중에 다시 만나서 대화를 나눌 수 있다. 그리고 그때 왜 그렇게 멀어졌는지 그 이유를 들으면, 어쩌면 상대를 이해하게 될지도 모른다. 그러나 아버지와는 그럴 수 없다. 나는 그저 혼자서 일방적으로 이해하려고 노력할 수밖에 없다.

나는 배운 대로 행동한다. 다양한 책을 읽으며 질문을 던지고, 여러 가지 자료를 찾아본다.

왜 그런 일이 일어났는지 알 수 있다면, 그 일에 내가 영향을 미칠 수도 있으리라는 생각이 든다.

처음에는 기억에 관해 탐구하는 것이 의미 있다고 생각했다. 치매는 결국 기억과 관련된 것 아닌가? 나는 기억이 어떻게 작동하는지, 왜 아버지에게는 그 기능이 제대로 작동하지 않는지 이해하고 싶었다. 나는 우리가 무엇을 미리 알았어야만 했는지 그리고 무엇을 알아차릴 수 있었는지 계속해서 묻곤 한다. 아버지의 마음속에서 무슨 일이 일어나고 있는지, 아버지를 어떻게 대해야 하는지 알려면 어느 정도 지식이 필요하다.

만약 그 일이 어떻게 시작되었는지 알 수 있다면, 나는 그것을 멈출 수 있으리라고 생각한다.

이 모든 일이 어떻게 시작되었는지 안다면 덜 불안할 것 같다.

내 기억 속에서 단편적인 대답들이 반짝인다. 어떤 경우에는 다른 사람의 이야기 속에서 익숙한 순간들을 발견하기도 한다. 조너선 프랜즌 Jonathan Franzen 의 〈아버지의 뇌〉라는 에세이에서 그랬던 것처럼. 작가는 아버지의 자동차가 자주 시동이 걸리지 않아 가족이 그때마다 긴급 출동 서비스를 불렀던 일을 묘사한다. 나는 그 대목에서 작가가 마치 내 마음에 공감하는 듯한 느낌을 받았다.

우리 가족에게도 그런 일이 자주 있었다. 정비사는 아버지의 자동차가 어두운 차고 안에서 배터리가 방전될 때까지 어떤 상태로 있었는지 알려주곤 했다. 그런 일은 점점 더 짧은 간격으로 반복되었다. 그 사건들을 정확하게 기록해둔 자동차의 전자 장치가 아버지의 기억이 점점 사라지고 있음을 보여주었다. 나는 또한 또렷이 기억한다. 우리는 아버지의 집 욕실 거울 옆 전등을 가장 먼저 에너지 절약형 전구로 교체했다. 아버지가 그 전등을 켜기만 하고 끄지 않는 일이 점점 더 잦아졌기 때문이다.

그보다 더 전에는 텔아비브의 시장에서 친구들과 화려한 가판대들 사이를 거닐고 있을 때 휴대폰 디스플레이에 뜬 이름을 보고 놀랐던 순간을 기억한다. 아버지의 주치의가 휴가 중인 나에게 전화를 건 것이다. 아주 긴박한 일은 아니지만, 여전히 응급 상황이라고 그는 말했다. 그러면서 더는 미뤄서는 안 된다고, 대책을 세워야 한다고 주장했다. 아버지는 기억해야 할 내용을 종이에 적어두고, 그걸 '말 그대로' 손가락으로 꼭 쥔 채 간신히 일상을 버텨나가고 있다고 했다. 끊임없이 무언가를 잊어버리거나 실수할까 봐 두려워하면서.

'의사가 도대체 왜 저러지?'라고 나는 생각했다. 아버지의 혈액 수치나 잘 관리하고 챙겨야 하는 것 아냐? 혈액 수치가 점점 악화하고 있으니 말이다.

하지만 그런 나보다 더욱 분개한 사람은 아버지였다. 나이가 들면 누구나 건망증이 좀 있지 않으냐며, 아버지는 대수롭지 않게 말했다. 주치의가 '이해심 깊은 사람'이라며 추천한 신경과 의사의 연락처는 그대로 아버지의 나무 상자 속으로 들어갔다. 그때 아버지가 혼자 살고 있던 집, 우리 가족이 오랫동안 함께 살았던 집에는 이미 상자들이 가득했다. 상자들은 기하급수적으로 늘어나는 듯했다. 아버지는 중요하다고는 생각하지만 아직은 딱히 그걸로 뭘 해야 할지 구체적으로 알지 못하는 물건들을 상자 안에 넣어 보관했다.

마침내 거의 모든 물건이 상자들 속으로 들어갈 지경이 되었다.

아버지는 다 쓰고 난 면도기 헤드를 투명한 비닐봉지에 넣은 뒤 날짜를 기입하고는, 지난 몇 년 동안의 가격 변동을 보여주는 정육점의 기름 묻은 영수증과 함께 상자에 보관했다. 그런 물건들 사이에는 꽤 중요한 것도 있었다. 신분증, 지폐, 청구서 그리고 그 청구서와 관련된 독촉장 등등. 동생과 나는 아버지를 방문할 때마다 집 안의 상자들을 찾아내 그 안에 담긴 물건을 살펴봤다. 그러고는 공식적으로 중요한 것을 아버지 자신이 가치 있다고 생각한 물건들과 구분해두었다. 아버지가 일상생활을 최대한 잘 유지할 수 있게끔 말이다.

아버지가 숨긴 물건이 끊임없이 새로운 장소에서 발견되었다.

상자들이 혹시 그 시작을 알려줬던 것일까? 그 당시 나는 건축 자재 마트를 돌아다니면서 상자들이 전시되어 있는 모습을 보면 화가 났다. 작은 상자, 중간 상자, 큰 상자 그리고 결정을 내리지 못한 사람들을 위한 애매한 크기의 상자까지 다양했다. 특히 중간 크기의 상자가 마음에 들지 않았다. 그게 필요하지 않은 사람들한테까지 구매하라고 유혹하는 것 같았기 때문이다.

나는 아버지의 주방에서 "상자들이 우리에게 재앙을 불러온 거야!"라고 소리친 적이 있다.

아버지는 나의 절망과 이론에 놀랐다. 그리고 웃었다.

아니면 그것은 달력에 분명하게 표시할 수 있는 어느 날, 전환점이 된 어느 날 시작됐을까? 또는 우리 가족을 무너뜨리고, 가족 중 한 명이 줄어든 상태로 다시 힘내서 일어날 것을 요구받은 그 순간에 시작됐을까?

상자들이 우리 집으로 들어오기 몇 년 전, 2004년 12월의 기분 좋은 햇살이 비치던 수요일에 어머니는 돌아가셨다. 자동차를 몰고 나갔다가 다시는 돌아오지 못했다. 어머니는 트럭과 정면충돌했다. 어머니의 포드 피에스타가 트럭 바퀴 아래로 들어가 깔려버린 것이다. 예고도 없이, 작별 인사도 없이, 어머니는 단 몇 초 사이에 우리를 떠났다. "냉장고에 너희 엄마의 샐러드가 아직 남아 있어." 아버지가 말했다. "이제 그걸 어떻게 해야 하지?" 그 단조로운 목소리가 오히려 더 슬프게 들렸다.

우리가 우려했던 것과 달리, 아버지는 처음에는 일상으로 잘 돌아왔다. 아마도 포기하지 않기 위한 저항, 즉 30년의 결혼 생활이 하루아침에 끝나버리고 혼자 남았을 때 혼자 방치되지 않기 위한 예방적 조치였던 것 같다. 아버지는 61세였고, 여전히 변호사 사무실에서 일했다. 내 동생이 아버지와 함께 살고 있었던 게 도움이 된 듯하다. 이윽고 동생이 집을 떠나고, 아버지도 은퇴했다. 그때 아마도 아버지는 있는 힘껏 두 번째로 저항해야 했을 것이다. 67세의 나이에 여행, 강좌, 견학을 예약했다. 심지어 '인터넷'을 배우고, 나에게 처음이자 마지막으로 이메일을 보내기도 했다. 하지만 그런 일들이 갈수록 힘들어졌다. 노화 때문에 몸도 점점 더 아팠다.

그때부터 아버지는 하루하루 작은 일에 만족했다. 자신이 늙었다고 말하는 경우도 많아졌다.

"아빠는 그렇게 나이가 많지 않아요"라고 우리는 말했다. 아직 현실을 직시하지 않으려 했던 우리는 아버지보다 열 살은 더 많지만 여전히 사교적으로 바쁜 삶을 살고 있는 마을 사람들의 이름을 나열했다. "그 사람들처럼 해 봐요."

아버지가 기억을 잃고 있다는 증거가 압도적으로 많아지기 전까지 '기억'은 나에게 전혀 중요한 문제가 아니었다. 기억은 늘 존재했으며, 잘 작동하고 있었다. 기억이 오히려 나에게 때때로 짧고 가벼운 인사를 건네기도 했다. 고등학교 시절 라틴어 선생님은 우리 부모님에게 나의 뛰어난 기억력이 부럽다고 말한 적이 있다. 자신의 기억력은 오류가 많아 학술적인 경력을 이어가는 데 방해가 됐다면서. 날마다 어휘 테스트를 하던 선생님은 나를 제외하기 시작했고, 그 결과 나는 라틴어 수업을 위한 공부를 전혀 하지 않게 되었다. 그래서 시험을 치르기 전에 모든 내용을 한꺼번에 외워야만 했다.

대학에서 나는 아버지처럼 법학을 공부했다. 국가고시의 시험 범위는 빵집에서 빵 구매 계약을 체결하는 방법부터 연방헌법재판소가 대통령의 고의적인 헌법 위반 혐의를 판결하는 규칙까지 방대하다.

심리학에서는 이러한 것을 모두 포함하는 개념을 '의미 기억'이라고 한다. 의미 기억은 정보를 추상적으로, 맥락 없이 저장하고 있다가 필요할 때 불러낼 수 있다.

아버지의 의미 기억은 오늘날까지도 여전히 나에게 강한 인상으로 남아 있다. 아버지는 지금 생각해도 박학다식했다. 나는 이따금 아버지와 함께 '누가 백만장자가 될 것인가'라는 보드게임을 하곤 했다. 본래 아버지가 좋아하는 TV 퀴즈 쇼인데, 보드게임으로도 할 수 있다. 우리는 질문 카드를 하나씩 읽어가면서 문제를 푼다. "윌리엄 텔이 머리에 사과를 얹은 채 서 있는 소년을 향해 화살을 쏘잖아. 그 소년의 이름은?" 내 질문을 듣는 동안, 아버지는 의자에 깊이 몸을 기대고 앉아 무관심한 듯한 표정을 짓는다. 그런 모습을 보며 혹시 내 목소리가 잘 들리지 않아서 저러나 싶을 때, 아버지가 허공에 대고 대답한다. "발터." 만약 퀴즈 프로그램에 출연했다면 아버지는 분명 100만 유로의 상금을 받았을 것이다.

그러나 아버지는 출연하지 않았다.

의미 기억은 아버지에게 가장 오랫동안 충실한 역할을 했다. 하지만 사실 그게 가장 먼저 기능을 멈췄다면 더 나았을지도 모른다. 우리가 살아가면서 하루하루를 잘 버텨내기 위해 더 중요한 것은 바로 '절차적 기억'이다. 절차적 기억은 자전거 타기, 춤추기, 걷기 등과 같은 움직임과 행동 과정을 저장한다. 그런데 그 기억이 아버지를 방치하는 경우가 점점 더 많아졌다. 아버지는 갈수록 남아 있는 그 기억을 제대로 활용하지 못했다. 문손잡이 사용법을 잊어버려 방문 앞에서 가만히 멈춰 있곤 했다.

우리는 아버지의 손녀, 그러니까 내 조카가 그린 그림을 아버지 방문에 걸어두었다. 아버지가 자기 방을 쉽게 찾을 수 있게. 그 그림에는 아버지와 조카를 비롯해 우리 식구가 모두 그려져 있다. 아버지는 문 앞에 쓰여 있는 자기 이름을 소리 내어 읽으며 "이게 나야"라고 말한다. 그렇지만 문 여는 방법을 알지 못한다. 그 문 뒤에 침대, TV, 카펫, 스탠드 조명, 그림, 욕실 등 자기만의 영역이 있다는 사실을 알고는 놀라면서 혼란스러워한다.

"너는 어디에서 자니?" 아버지가 나에게 묻는다. "그리고 나는 어디에서 자야 하니?"

아버지가 일상적인 간단한 일을 할 수 없는 모습을 보는 게 내게는 가장 큰 충격이었다. 마치 예상치 못한 순간에 뒤통수를 강하게 한 대 얻어맞은 기분이다. 나는 치매가 몇 가지 일, 예를 들면 이름, 얼굴, 음식, 삶의 일화 정도를 잊어버리는 것이라고 생각했다. 슬프긴 하겠지만 충분히 사랑으로 감쌀 수 있으며, 일상생활을 하는 데는 문제가 없으리라고 믿었다(우리는 모두 과거가 아닌 현재에 살고 싶어 하니까). 아버지가 언젠가는 생명 유지를 위해 필수적인 행동을 더는 수행할 수 없으리라고는 상상조차 하지 못했다. 숟가락을 입으로 가져가고, 침대에 몸을 눕히고, 머리를 돌려 사람을 바라보는 행동과 같은 기본적인 일들이 차츰 문제로 다가왔다. 이런 것들은 신체적 기능이 망가져서 그런 것이 아니다. 근육과 뼈와 관절은 정상인데, 머리가 그 개념을 이해하지 못하기 때문이다.

아버지와 나는 하루 또는 이틀에 한 번씩 만난다. 그러나 어제는 아버지를 만날 수 없었다. 아버지가 머물고 있는 층에서 코로나19 바이러스가 발생했다고 한다. 팬데믹 후반기가 되면서 공포심은 조금 누그러졌지만, 나는 그 두려움을 정통으로 맞닥뜨려야 했다. 그 전날 나는 아버지의 컨디션이 별로 좋지 않은 걸 보고는 집으로 돌아왔다. 아버지는 의자에 무기력하게 앉아 있었다. 좋아하는 케이크도 먹지 않았다. 그런데 갑자기 대면 금지 조치가 내려졌다. 두려워하던 일이 벌어진 것이다. 방문을 거절당한 나는 몸을 휘청이며 접수처에서 걸음을 돌렸다. 그리고 차가운 날씨 속에서 자전거 헬멧 안에 얼굴을 파묻고 흐느꼈다. 이 모든 상황을 알고 있는 약사가 직접 약을 가져다주며 "정말 안타까운 일이에요"라고 말했다.

집으로 돌아온 나는 스스로가 비참하고 초라하게 느껴졌다. 마치 아버지를 무기력한 상황에 방치해둔 것 같은 기분이 들었다. 아버지는 분명 그런 기분일 테고, 그래서 나는 부끄럽다. "네가 같이 있으면 아무 문제도 생기지 않을 거야." 아버지는 내게 이렇게 말한 적이 있다. 나는 밖으로 나가 공원에서 달리기를 했다. 다시 줄넘기를 가지고 나갔다가 돌아와 현관문 뒤에 있는 작은 벤치에 한참이나 앉아 있었다. 그러고 나서 천천히 재킷과 신발을 벗었다. 얼마 전 아버지 방에서 발견한 쪽지가 눈에 띈다. 아버지를 방문하지 못한 이튿날 발견한 쪽지다. 아버지는 그 문장을 쓰기 위해 여러 번 시도한 듯하다. 두 문장을 쓰기까지 분명 오랜 시간이 걸렸을 것이다.

"폴커 키츠는 오류로 인해 구급되었다. 문제 해결 필요."

나는 혼자가 아니다. 부모를 걱정하는 것은 우리 세대의 공통된 문제다. 우리는 X세대로, 현재 독일에서 가장 많은 인구가 여기에 속한다. 거의 1,700만 명에 달한다. 부모들은 점점 더 나이 들어가고, 우리는 서로 안부를 묻는다. "부모님은 아직 잘 지내시지?" 내가 아버지 이야기를 하면 다들 남의 일 같지 않다는 듯 깊은 생각에 잠긴다. 친구나 지인들은 부모를 방문하고 나서 그분들이 예전 같지 않다는 불안을 품고 돌아온다. 아직은 모든 게 그럭저럭 괜찮지만, 그조차 오래가지 않을 것이라는 느낌이 든다. 그리고 뭔가 변해야 한다고 생각한다. 일부 부모의 경우 치매 징후가 마치 새싹처럼 자라나는데, 대부분은 이를 무시하고 싶어 한다. 그런데 그것이 마침내 활짝 드러났을 때 어떤 모습일지는 아무도 알 수 없다.

독일에는 180만 명의 치매 환자가 있다. 그리고 매일 1,200명 넘는 사람이 치매 진단을 받는다. 그 밖의 다른 질병으로 인해 사고력, 걷기, 사랑하는 능력 등이 쇠퇴하기도 한다. 치매는 단지 '나이'의 문제일 뿐일까? 어쩌면 그래서 걱정할 필요가 없는, 그저 평범한 말처럼 들릴 수도 있다. 하지만 치매는 우리가 이제 책임을 떠맡아야 한다는 것을 그리고 전혀 알지 못하는 시기에 들어서게 되었다는 것을 뜻한다.

그걸 겪는 많은 사람이 그 일이 어떻게 시작되었는지 알고 싶어 한다.

자녀들은 부모의 나이가 들어갈수록 대체로 비슷한 경

험을 한다. 변화의 징후를 인식하고, 그 의미를 해석하고, 결국은 인정하게 된다. 그에 따르는 결과와 타협하고, 사랑과 다툼을 겪고, 변화에 대응하는 법을 배운다. 불안해하고, 결국 작별을 맞이한다. 이러한 과정은 부모만의 문제가 아니다. 자녀의 삶에도 영향을 미친다. 부모의 자율성 감소는 자녀의 자율성에까지 영향을 준다. 이는 우리 세대에게 매우 중요한 문제가 되었다.

 나는 이러한 경험을 절반만 하고 있다. 부모님 중 아버지만 나이가 들어가고 있기 때문이다. 어머니는 "나는 백 살까지 살 거야"라고 말하곤 했지만, 그 장담은 틀렸다. 종종 나는 어느 쪽의 삶이 더 나은지, 어머니인지 아버지인지 궁금하다. 이것은 이론으로 머물 수밖에 없는 질문이다. 내가 챙겨야 하는 현실의 긴급한 일들과는 거리가 있는 질문이다.

 '돌봄'은 이제 우리 세대를 드러내는 단어다.

 작업실에서, 나는 원을 그리며 천천히 걷는다. 그리고 자신의 방에서 나와 똑같은 모습을 하고 있을 아버지를 상상한다. 나는 어머니 사진을 바라보며 간절히 기도한다. 어머니에게 '죽음이 두 사람을 갈라놓을 때까지 서로에게 충실하겠다'고 한 약속을 너무 진지하게 받아들이지 말라고 부탁한다. 죽음 이후에도 아버지의 무력함을 덜어달라고 기도한다. 내가 아버지 곁에 없는 동안만이라도.

문제 해결 필요.

나는 내년에도 이날을 기억할 것이다. 이날은 우리 삶의 여러 장면을 저장하는 내 '서사적 기억'에 남아 있을 것이다.

다음 주에 다시 만나면, 아버지는 내가 걱정했다는 사실에 놀라워할 것이다. 아버지는 오늘 하루를 어떻게 보냈는지, 자기 기분이 좋았는지 아니면 절망적이었는지, 내가 당신 곁에 있었는지 또는 나를 그리워했는지조차 기억하지 못할 것이다. "점심 드셨어요?"라는 내 질문에 처음에는 반응하지 않다가 조심스레 "아니"라고 대답할 것이다. 정확한 답은 모르지만, 그는 늘 배고파하니까.

치매는 해마의 기능을 방해한다. 해마는 뇌의 일부분으로, 그 모양이 바다 생물인 해마처럼 생겨서 붙은 이름이다. 해마는 기억 정리 시스템처럼 작동한다. 즉 기억을 의미 기억과 일화 기억으로 분류해 저장한다. 그래서 아버지는 오래된 내용은 기억할 수 있지만, 오늘 일어난 일이나 방금 한 일, 몇 분 전에 누가 설명한 내용은 기억하지 못한다.

아버지의 삶에서 몇 분마다 한 번씩 빅뱅 같은 일이 일어나는 거라고 나는 상상한다. 계속해서 반복되는 빅뱅. 몇 분 이상의 공간은 되돌아볼 수 없고, 그 너머의 공간은 빈 채로 남아 있다.

이 모든 게 어떻게 시작됐는지를 안다면 나는 덜 불안할 것 같다.

모든 질병은 항상 언젠가는 발생한다. '발생'은 전쟁이나 화산 같은 단어를 떠올리게 한다. 마치 연대기 작가들에게 적합한 형식 같다. 그러나 치매는 '교활하다'. 교활함은 살인 관련 법조항에도 등장하는 특징이다. 요컨대 피해자가 무방비 상태에 있을 때 가해자에 의해 일어난 범죄를 나타내는 표현이다. 피해자는 무슨 일이 일어날지 전혀 모르는 방심한 상태에서 공격을 당한다.

기억을 파괴하는 이 질병은 '기억의 베일' 속에 숨어 있다. 아르노 가이거Arno Geiger의 《유배중인 나의 왕》을 읽으며, 나는 아버지가 항상 독특한 면모를 지녔고 나이가 들면서 그런 점이 더 강해졌을 뿐이라고 작가가 스스로를 위로하는 대목에 밑줄을 그었다. 우리 가족도 그렇게 말했다. 사회적 교류가 줄어들었는가? 아버지는 본래 교류가 많지 않았다. 세상에 대한 관심이 줄었는가? 아버지는 여전히 축구 게임을 본다! TV 프로그램 잡지를 통해, 그리고 114개 TV 채널을 통해 놀라울 정도로 많은 탐사 여행을 떠난다. 이제 아버지는 재킷을 벗으려고조차 하지 않는다. 아마도 그게 더 '편하기' 때문 아닐까? 아버지는 항상 '불필요한 노력'을 싫어했다. 아르노 가이거처럼 나에게도 역시 '이렇게 힘을 낭비하는 것'을 향한 '조용한 분노'가 있다. 우리가 당연하다는 듯 늘 똑같다고 생각하지만, 사실은 이미 더 이상 똑같지 않다는 점을 깨닫지 못하는 것에도 분노가 생긴다.

우리처럼 아버지도 그걸 교활하다고 느꼈을까? 아니면 물이 차오르는 것처럼 그러한 사실을 서서히 느끼면서 아무한테도 말하지 않고, 두려움과 고통을 혼자서 견뎌냈을까? 가끔, 아마도 치매 초기의 끝 무렵으로 기억하는데, 아버지는 전화 통화 내용을 나에게 설명하려 할 때 당황한 채로 이렇게 고백한 적이 있다. "제대로 기억하질 못하겠어." 그러고는 나를 바라보며 "정말 슬프지 않니?"라고 말했다. 아마도 그건 자신에게 일어난 일들에 관해 나와 소통하려 한 것일 수 있다. 그때 나는 아버지를 안심시키기 위한 선의의 마음으로 "그런 일은 우리 누구에게나 일어나요"라고 거짓말을 했다. 위로하고자 한 말이지만, 어쩌면 잘못된 방법이었을지도 모른다.

솔직히 말해서, 나는 치매를 생각할 때 아버지 걱정만 하는 게 아니다. 나 자신에게도 두려움을 느낀다. 갑자기 누군가의 이름이 생각나지 않을 때, 그런 일이 점점 더 자주 일어날 때, 나는 다음과 같은 내면의 목소리를 듣는다. '이게 혹시 치매의 시작인 걸까?' 그리고 발병을 막기 위해 무엇을 해야 할지 고민한다. 마치 내가 티켓 없이 승차했다는 사실을 이미 검표원에게 들켰는데도 뒤늦게 표를 사기 위해 승차권 자동판매기에 동전을 넣는 사람처럼 느껴진다.

이런 두려움을 나만 품고 있는 것은 아니다. 작가이자

신경학자인 리사 제노바 Lisa Genova는 알츠하이머와 싸우는 하버드대 교수 이야기를 다룬 소설《스틸 앨리스》로 유명해진 사람이다. 제노바는 공식석상에서 강연을 마치고 난 뒤, 사람들이 자신을 둘러싼 채 걱정을 털어놓는 상황을 얘기한 적이 있다. 사람들은 가족 걱정을 하기도 하지만, 대체로 자기 자신을 가장 크게 걱정한다는 것이다.

2021년 11월 독일에서 진행한 '질병에 대한 두려움'이라는 아름답지 않은 제목의 연구에 따르면, 사람들이 가장 두려워하는 것 1위는 암이고 2위가 치매였다. 남성의 49%, 여성의 58%가 기억을 잃는 것에 두려움을 느낀다고 답했다. 심지어 14~29세의 젊은 층에서도 절반이 그렇다고 대답했다.

치매에 대한 두려움은 점심으로 무엇을 먹었는지 잊는 것에 대한 두려움이 아니다. 그건 자신을 잊는 것에 대한 두려움이다. 예측에 따르면, 기대수명이 증가함에 따라 치매 진단은 20년마다 2배로 늘어나고, 2050년에는 그 수치가 세계적으로 1억 5,300만 명에 이를 것이라고 한다. 2050년의 내 나이는 지금의 아버지 나이보다 적은데, 나도 그들 중 한 명이 되는 것은 아닐까?

이 모든 일이 어떻게 시작된 것인지 안다면 나는 덜 불안할 듯하다.

내가 이렇게 그 시작점을 찾는 이유는 통제력을 얻기

위해서다. 마치 내가 이전에는 그걸 지니고 있기라도 했던 것처럼 통제력을 '되찾고' 싶다. 그래서 기억 관련 책들에 몰두한다. 바로 기억이 우리에게 생존을 보장하고 방향을 제시해준다고들 하니까. 모든 생명체는 어떤 형태로든 기억을 한다. 노벨상을 받은 에릭 캔들Eric Kandel은 1960년대에 이미 바다달팽이Aplysia californica의 아가미를 반복해서 만지면 시냅스 구조가 변화한다는 것을 시각적으로 보여주었다. 그로써 바다달팽이는 반응을 조정하고 스스로를 보호할 수 있다.

그러나 우리 인간은 기억을 독특한 방식으로 활용하는 것처럼 보인다고 사회학자 하랄트 벨처Harald Welzer는 말한다. 그는 기억 능력을 '인간만의 특성'으로 보며, 그 기억을 통해 "자신의 존재를 시간적·공간적 연속체 속에 위치시킨다"고 설명한다. 우리가 방향을 잡기 위해 기억만 끄집어내는 것은 아니다. 기억 중간중간 비어 있는 자리는 다른 곳에서 얻은 정보로 채워 넣는다. 마치 팔을 뻗듯이 여기저기서 조각을 잡아 모은 뒤, 다양한 기록 형식을 모자이크처럼 조합한다. 그렇게 해서 우리가 누구인지, 어디에 있는지, 지금이 언제인지 파악하려는 것과 같다. 우리는 시간과 공간 속에서 길을 잃지 않기 위해 기억을 이용한다. 침몰하지 않으려는 것이다.

나는 내 기억의 조각들을 모으려 애쓰고 있다. 어릴 때는 '치매'라는 단어를 들은 기억이 없다. 어른들이 서로의 부모에 대해 "별일 없이 잘 지내고 계시지?"라고 말하는 소리를 들은 기억도 없다. 우리 마을의 노인들, 증조할머니, 할아버지, 나이 많은 이모와 고모들이 골목 벤치에 가족과 함께 둘러앉아 있던 모습이 기억난다. 그들은 대화에 거의 참여하지 않았고, 설령 끼어들더라도 내가 이해할 수 없는 말만 했다. 이는 예상을 벗어난 것이 아니었기에, 그래서 특별히 주목할 만한 일도 아니었다. 누군가는 "할머니가 많이 노쇠하셨네"라고 말하며 웃기도 했다.

우리는 이웃 마을에 사는 어머니의 큰이모를 정기적으로 방문했다. 모두 그분을 '베트헨Bettchen(침대) 이모'라고 불렀는데, 어릴 때 나는 큰이모가 침대에만 누워 있기 때문에 붙은 별명이라고 생각했다. 나중에 어머니가 '베트헨'이 엘리자베트의 '베트'에서 유래한 이름이라고 설명해주었다. 동생과 내가 어머니와 함께 엘리자베트 이모의 방에 앉아 있으면, 가끔 집안의 다른 '이모들'이 문틈으로 머리를 내밀고 우리에게 초콜릿을 건네주곤 했다.

내가 기억하기로, 침대에 누워 있던 큰이모는 어머니와 활발하게 대화했다. 그것도 꽤 정교한 언어로 말이다. 그분은 '노쇠한' 게 아니었다. 병에 걸렸거나 '단순히 나이가 든' 상태라 도움이 필요한 것이었다. 그런 큰이모의 모습은 내 어린 시절 기억 중 목가적인 이미지를 보여주는 그림 중 하나다. 즉 어떤 시골집이든 혼자서는 제대로 생활할 수 없는 구성원이 최소 한 명은 있었다. 하지만 그들은 아무런 문제 없이 가족과 함께 지냈다. 다세대 가구에서 그런 가족 구성원은 대체로 여성이었고, 그들은 가정생활이 무난히 유지되게끔 조용히 식구들을 배려했다.

　오늘날에는 그렇지 않다. 이는 내 고향 마을에서도 마찬가지다. 내 친구들의 부모님은 이제 집에서 혼자 살고 있다. 방은 비어 있고, 자녀들은 모두 나처럼 집을 떠났다. 부모님 집 근처에 여전히 살고 있더라도, 가끔 자녀들과 함께 커피를 마시러 들르는 게 고작이다. 예전의 다세대 가구와 마을 한쪽 공터에 놓여 있던 벤치는 과거의 유물이 되었다.

　그리고 우리 세대는 이제 맨 앞줄에 서 있다. 부모님을 멀리서 지켜볼 수 있게 완충작용을 해주는 중간 세대가 더는 존재하지 않는다. 조부모님의 경우에는 그런 일이 가능했지만, 지금은 더 이상 그럴 수가 없다.

　우리는 '통제'를 느끼기 어려운 시대에 살고 있다. 우리 세대에게는 매우 중요했던 그 통제를 말이다. 불확실성이 숲의 뿌리 네트워크처럼 우리 삶을 관통하며, 모든 것이 흔들리고 있다.

　2022년 2월 24일, 러시아의 우크라이나 침공으로 유럽에서 전쟁이 벌어졌다. 이는 그동안 우리가 억눌러왔던 것, 즉 공습 대피용 벙커가 없는 날들이 결코 당연한 게 아니라는 사실을 드러나게 했다. 팬데믹은 우리의 도시를 하룻밤 사이에 재난 영화에서나 볼 법한 모습으로 변모시켰다. 많은 사람이 생존의 두려움을 느꼈으며, 이는 우리 같은 작가들도 마찬가지다. 서점은 문을 닫았고, 낭독회는 취소되었다. 지금은 문화생활이 다시 살아나고 있지만, 일부 고객들은 여전히 돌아오지 않고 있다.

인플레이션이 일어나고, 사람들은 추위나 배고픔을 걱정하고 있다. 친구들이 정전 사태, 즉 '블랙아웃'에 대비해 물통을 가득 채우고 있다는 이야기도 들린다. 나는 '돌봄 위기'라는 말을 들을 때면 그리고 아버지의 레지던스가 하루 동안 일할 인력을 모집하는 걸 볼 때면, 나중에 우리 사회가 우리를 존재론적 위기 상황에서 잘 지탱해줄지 걱정스럽다. 그리고 무엇보다도 기후 연구자들의 경고가 우리를 어떤 어려운 삶의 조건으로 이끌어갈지 특히 두렵다.

최근에는 불확실성이 바로 우리 앞에만 있는 게 아니라 우리 뒤에도 있다는 생각이 든다. 아버지가 베를린으로 이사하고 몇 주 뒤, 우주 망원경 제임스 웹이 우주선에 실려 날아갔다. 1월 24일, 제임스 웹은 지구에서 150만 킬로미터 떨어진 궤도에 도달했다. 세계는 이 망원경이 찍어 보낼 사진들을 기다리고 있다. 신문에 질문 하나가 등장했다. 보통은 잘 다루지 않던 이 질문은 조만간 뉴스에도 나올 것이다. "우리는 어디에서 왔는가?" 나는 잠시 멈추고, 그 질문을 생각한다. 이는 아마도 불확실성이 사방에서 우리를 둘러싸고 있다는 사실을 부정할 수 없는, 흔치 않은 순간 중 하나일 것이다.

이 불확실성의 소용돌이 속에서 아버지의 일은 나를

더욱 강하게 흔들어놓았다. 탐색하는 듯한 그 시선은—우리 모두가 인정하지는 않지만—아버지가 사실은 방향을 잃은 채 헤매고 있음을 보여주는 듯하다. 작은 방에 있는 아버지의 모습을 보며 내가 마르틴 하이데거Martin Heidegger의 "우리는 세계 속에 내던져졌다"는 거창한 말을 떠올리는 것은 어쩌면 부적절할 수 있다. 하지만 그것은 실용적인 방식으로 작동하는 내 두뇌의 연상 작용이 만들어낸 결과물이다. 우리는 세상에 던져졌다. 우리의 의사 따위와는 상관없이 세상에 내던져진 것이다.

나는 어떻게 여기까지 왔는가? 여기서 나는 무엇을 해야 하는가? 앞으로 어떻게 될 것인가?

우리는 이런 질문들이 시의적절한 시대에 살고 있다. 어느 곳에서나 마찬가지다. 익숙한 것이 사라질 때, 그 공허함을 무엇으로 채워야 하는가?

상황이 허락하는 한 나는 아버지와 함께 베를린 교외로 나가려고 한다. 지금은 겨울이라 스웨터, 목도리 그리고 모자가 필요하다. 아버지는 추위를 싫어하지만 밖에 나가는 것은 좋아한다. 활동 반경은 좁아졌어도 밖에 나가면 아이들, 개, 자전거, 자동차 번호판, 포스터 등을 자세히 관찰한다. 아버지의 그런 모습을 지켜보는 게 나는 기쁘다. 그 순간만큼은 아버지가 매우 만족스러워 보인다. 때때로 햇볕에 얼굴을 쬐며 눈을 감고 천천히 미소 지으며 이렇게 말한다. "정말 아름답구나."

우리는 자주 근처 공원을 산책하며 나무를 관찰하고, 그 나무를 통해 계절의 변화를 감상한다. 아버지가 처음 베를린으로 이사 왔을 때는 아직 나뭇잎이 완전히 떨어지기 전인 포근한 가을이었다. 아버지는 특히 노랗게 물든 은행잎을 좋아했다. 몸을 굽혀 단풍잎 하나를 주워 살펴보고는 나에게 조심스레 건네며 잘 보관해달라고 부탁했다. 또 어떤 날에는 번화가에 있는 쿠르퓌르스텐담 거리의 쇼윈도를 구경하며 걸어 다니기도 했다. 그럴 때도 아버지는 멈춰 서서 가구, 신발, 미용실의 가격표 등을 관심 있게 살펴본다. 때때로 우리는 많은 자동차가 지나다니는 대로를 걷기도 한다.

분데스 거리(예전에는 카이저 거리라고 했다)에서는 100년 전 소련 작가 빅토르 시클롭스키 Viktor Šklovskij가 잠시 살았던 집을 지난다. 러시아혁명을 경험하고, 제1차 세계대전에 참전했으며, 얼어붙은 발트해를 건너 핀란드로 도망친 인물이다. 그 과정에서 〈과정으로서 예술〉이라는 에세이를 쓰기도 했다. 그는 우리가 많은 것을 제대로 인식하지 못하는 이유는 우리의 인식이 자동화돼 있기 때문이라고 설명한다. 우리는 대상을 인식할 뿐 제대로 보지 않는다는 것이다. "자동화는 사물, 옷, 가구, 여성, 전쟁의 공포 등을 삼켜버린다." 그래서 대상을 제대로 보기 위해서는, 또한 '삶의 감각을 되찾기' 위해서는 사물에 다소 거추장스러운 형식, 즉 '어려운 형식'을 입혀야 한다고 그는 주장했다. 요컨대 '낯설게 하기'가 필요하다는 것이다.

아버지를 보면서 나는 때때로 그와 반대가 아닐까 하고 생각했다. 우리는 일상적인 작은 문제들을 낯설게 전환하는 자동화 속에 살고 있다. 철학이나 문학, 키르케고르, 카프카, 베케트, 심지어는 과학이나 제임스 웹의 우주망원경 같은 이론적인 거대한 문제로 말이다. 이는 질문을 있는 그대로 남겨둘 수 있는 매력적인 방법이다. 그로써 우리는 일상의 작은 문제들에서 도망칠 수 있다. 그런 질문들은 우리 일상에서 아무런 역할도 하지 못하기 때문이다.

그러나 지금은 불확실성의 시대다. 아버지의 사례가 나를 도망치게 만든다. "네가 있는 곳은 지금 몇 시야?" 이렇게 묻는 아버지의 질문은 '공간과 시간의 연속체 속에서 자신의 위치를 찾기 위한 시도'를 하나의 문장으로 응축해놓은 것 아닐까?

나는 어떻게 이곳으로 왔을까? 앞으로 어떻게 될까? 아버지는 자신의 방에서 말 그대로 '직접적으로' 이런 질문을 던진다. 근본적인 불안은 저녁 식사를 하는 도중에, 침대에 누워 있을 때, 갑자기 떠오른다. 그것은 결코 익숙해지지 않는다. 이는 시클롭스키가 말했듯 모든 것이 시험대에 오르는 시기에 '돌을 돌답게' 만드는 것이다.

이 모든 것이 어떻게 시작됐는지 안다면 나는 덜 불안할 것 같다.

"우리는 모두 행동의 시작을 묘사해야 한다는 강박을 공유하고 있는 듯하다"고 잭 하트는 말한다.

그러나 나는 그 시작을 찾지 못하겠다.

기억에 관한 내 연구는 통찰을 얻게 해주지만, 그것은 중간 단계일 뿐인 것 같다. 진정한 질문은 그 뒤에 또는 그 아래에 숨어 있다. 그 질문들은 내 동생과 나로 하여금 '요양원'을 요양원이라 부르지 못하고 '레지던스'라 부르게 한다. 나는 전문 서적, 요양 위기 관련 브로슈어, 건강 정책 논의로는 답을 얻을 수 없는 질문들에 맞서야 한다. 이러한 질문은 나 자신 그리고 나와 아버지의 관계 속에 있으며, 문학비평가 울리케 베더 Ulrike Vedder는 이를 '돌봄의 모순'이라고 일컫는다. 나는 그 질문들을, 그 가치와 취약성을 알 수 없는 고고학적 유물을 발굴하듯 천천히, 조심스럽게, 한 겹 한 겹 파헤쳐나가야 한다.

어떻게 나는 '앞으로도 예전처럼 계속해서'라는 환상에서 벗어날 수 있을까? 어떤 징후를 알아차려야 하고 어떤 결정을 내려야 할까? 어떤 경우에 아버지의 의사에 반하는 결정을 내려야 할까? 어떻게 아버지와의 관계를 유지하며 고통과 기쁨을 나누고, 그의 세계와 내 세계를 넘나들 수 있을까? 우리에게 남은 시간 동안, 아버지의 남은 과제를 어떻게 정리하도록 도울 수 있을까? 앞으로 다가올 중요한 순간을 어떻게 대비할 수 있을까? 나의 부족함과 어떻게 맞서야 할까?

나는 변해버린 세상에서, 우리가 서로를 위해 존재하

는 미래를 이야기할 것이다. 미래는 이제 마을 공터의 벤치와 대가족이 아니라 불확실성으로 가득 찬 세계다. 그 미래에도 우리가 서로를 돌보는 세대 간 계약은 깨지지 않을 것이다. 그곳에는 나처럼 자녀 없는 사람을 돌봐줄 누군가도 존재할 것이다. 우리는 이 미래의 이야기 중 어떤 부분을 현재로 가져와 사용할 수 있을까? 또한 나는 현대사회에서 아버지를 돌보는 내 이야기, 나 자신이 부족하다는 느낌에 끊임없이 시달리지 않는, 의존과 죄책감에 얽매이지 않는 이야기도 일부 다룰 것이다.

   내게는 이런 질문들에 대한 답이 필요하다.

2

수집과
　　보관

2

수집과
보관

어머니는 돌아가실 때, 침대 옆 탁자에 몇 가지 물건을 남겼다. 손때가 잔뜩 묻은 가족 기도서, 반듯하게 접혀 있는 안경, 천으로 만든 갓과 코드스위치가 달린 전등 그리고 몇 개 안 되는 보석을 보관한 양철 박스. 양철 박스 안에는 목걸이도 두 개 들어 있었다. 하나는 어머니가 자주 착용하던 보석 박힌 목걸이, 다른 하나는 아버지가 어머니의 예순다섯 번째 생일을 맞아 사준 금목걸이였다. 평소 선물을 잘 하지 않던 아버지는 어머니가 돌아가시기 1년 전에 이 목걸이를 구입했다. 어머니는 그 선물을 받으며 "꽤 비쌀 텐데" 하고 놀란 듯 중얼거렸다.

어머니가 돌아가신 뒤로 이 물건들은 마치 죽은 것처럼 15년 동안 침대 옆 탁자 위에 그대로 있었다. 아무도 그 물건들을 건드릴 용기를 내지 못해 마치 정물화처럼 그 자리를 지켰다. 해가 갈수록 그 위에는 나무의 나이테처럼 먼지가 층층이 쌓였다. 안경 렌즈는 점점 뿌옇게 변했고, 묵직한 금테 위에도 먼지가 눈처럼 하얗게 내려앉았다. 아버지는 저녁마다 그 물건들 옆에서 잠들고, 아침에는 그 옆에서 일어났다. 그러던 어느 날, 그 정물화가 흔적도 없이 사라졌다.

　세월이 흐르면서 내가 자랐던 집 안의 물건들을 대하는 내 감정도 변해갔다. 그리고 지금 돌이켜보면 문득 깨닫는 것이 있다. 그 물건들 자체도 스스로 끊임없이 그 의미를 바꿔왔다는 사실이다.

　처음에는 그 물건들이 버거웠다. 갑작스럽게 떠나버린 사람의 물건을 어디에 치워야 할지 몰랐다. 쓰레기로 버릴 수는 없었다. 게다가 다른 해야 할 일도 많아서 신경 쓰지 못하는 동안, 물건들은 그냥 그 자리를 지키게 되었다. 그 후 일상을 되찾았지만, 어머니의 죽음이 아직 생생하게 남아 있는 터라 고인을 존중하는 마음에서 아무것도 손대지 못했다.

　존중의 시간이 지나자 그 물건들은 이제 기억의 대상으로 변했다. 침대 옆 탁자 위의 안경을 볼 때면, 항상 이불을 목까지 끌어 올리고 베개 위로 머리만 내민 채 두 손으로 책을 들고 읽던 어머니의 모습이 떠올랐다. 내 침실은 바로 옆방이었는데, 저녁마다 어머니는 벽을 두 번 빠르게 톡톡 두드리곤 했다. 그건 마치 비밀 신호와도 같았다. 어머니가 책과 안경을 내려놓고 옆으로 돌아누우면서 나에게 굿나이트 인사를 보냈던 것이다. 어머니가 돌아가신 뒤에도 집을 방문할 때면, 벽을 두드리던 그 소리가 들리는 듯했다.

아버지는 저녁에 잠들기 전이나 아침에 잠에서 깨어났을 때 또는 한밤중에 몇 번이나 그 기억의 물건들을 바라보았을까? 무엇을 보고, 듣고, 냄새 맡았을까?

그 물건들은 15년 동안 기억의 대상이었다. 그러나 언제인지 그 시기도 끝났다. 정물이 과거를 상징하는 역할에서 벗어나 흐릿한 배경으로 물러나고, 마침내 먼지만 쌓이는 거슬리는 존재로 전락하는 순간이 온 것이다. 침대 옆 탁자를 치웠어야만 했다. 그러나 아버지는 지금까지 아무것도 손대지 않았다. 아마도 그게 더 편했기 때문이라고 나는 생각한다. 다행히도 한참 뒤의 일이지만, 아버지는 결국 주 1회 오전에 가사 도우미를 집에 들이는 데 동의했다. 그렇지만 그 가사 도우미도 오랫동안 어머니의 탁자를 건드리지 않았다.

그러던 어느 날, 침대 옆 탁자가 깨끗이 치워졌다. 가사 도우미가 우리에게 묻지 않고 정리한 것이다. 물론 가사 도우미는 아무것도 버리지 않았다. 기억을 담고 있는 물건들을 처리할 방법을 찾다가 그걸 다른 곳으로 옮겼다. 이제 그 물건들은 다락방으로 올라가는 계단에 놓여 있다. 우리가 원할 때면 언제든지 꺼낼 수 있게. 하지만 이제는 방해가 되거나 먼지가 쌓일 일은 없었다.

그것은 박물관을 떠올리게 했다. 마치 어머니의 물건을 전시장에서 보관실로 옮겨 공간을 다시 사용할 수 있게 한 것처럼 느껴졌다.

이처럼 박물관에 비교하는 것은 아주 자연스러웠는데, 그건 우리 집이 워낙 오래되었기 때문이기도 하다. 발코니 철제 난간에는 어머니의 아버지, 즉 외할아버지의 이니셜과 '1937'이라는 연도가 새겨져 있다. 외할아버지가 가족을 위해 지은 집이었다. 그때는 마차가 마을 도로를 달리던 시절이었다고 어머니가 내게 말해주었다. 어머니는 남자 형제 셋과 여자 형제 하나와 함께 이 집에서 자랐다.

정원은 집 주변 사방으로 넓게 펼쳐져 있다. 입구 바로 뒤에는 사무실이 하나 있었는데, 그곳은 외할아버지가 운영하던 가족 사업체의 첫 번째 사무 공간이었다. 외할아버지는 오덴발트에 있는 채석장에서 화강암을 채굴했으며, 지금은 삼촌이 대를 이어서 훨씬 더 큰 사업체로 운영하고 있다. 삼촌 가족도 한때 이 집에서 같이 살았다. 현관 입구의 옷걸이 벽을 두드리면, 예전에 문이 있던 자리를 벽지로 가려놓은 나무판 소리를 들을 수 있다. 어릴 때 우리는 다락방의 붙박이장에서 제2차 세계대전 당시의 방독면을 발견한 적도 있다.

내가 태어나고 3년 뒤에 우리 가족은 이 집으로 이사 왔다. 이제 이곳은 아버지의 집이기도 했다. 걸어서 몇 분 거리에는 아버지가 즐겨 산책하는 숲이 있었는데, 우리는 거기서 종종 사슴들을 관찰하곤 했다. 우리는 숲에서 채집한 이끼를 다락방의 성탄 구유 상자에 보관하기도 했다. 내가 숙제를 했던 책상과 첫 번째 저축 통장을 금전함에 넣어 보관했던 책상 서랍은 지금 분해된 채로 차고에 있다. 그래서 차고에 자동차를 댈 때는 그것에 부딪히지 않게 조심해야 한다.

  오랜 세월 동안 우리 집은 의심할 여지 없이 수집과 보존의 장소였다. 나는 어머니가 돌아가시기 이전에 고등학교를 졸업하고 병역을 마친 뒤 집을 떠났다. 그러나 아버지는 계속 그 집에 사셨고, 혼자서 숲의 사슴들을 관찰했다. 2층에는 동생과 내 방이 지금도 그대로 남아 있다. 그 집은 여전히 우리 가족의 출발점이고, 우리는 아버지를 정기적으로 방문했다.

  2020년 코로나19 팬데믹이 발생했을 때, 나는 앞으로의 상황이 예전 같지 않으리라는 여러 가지 징후를 감지했다. 이윽고 어느 누구도 예상하지 못한 비상사태가 시작되었다. 우리는 몇 달 동안 아버지를 찾아가지 못했다. 여행이 금지된 것은 아니지만, 끊임없이 변화하는 수많은 규제와 제한 때문에 일상생활이 쉽지 않았다. 무엇보다 아버지에게 병을 전염시키고 싶지 않았다. 어디를 가든 '취약한 고위험군'은 만나지 말라는 경고를 들었다.

  아버지는 나이와 건강 등 여러 면에서 '취약한' 상태였다. 1년 전에 인공 심장 판막 수술을 받고, 스텐트도 삽입

했다. 혈압도 높았다. 게다가 신경과에도 다니기 시작했다. 신경과 의사는 처음에는 조심스러워하더니 나중에 분명하게 진단명을 내렸다. 결과는 '치매 증후군'이었다. 아버지는 이제 몇 안 되는 치매 치료제 중 하나인 '도네페질'을 복용하게 되었다. 그러나 의사는 우리에게 큰 기대는 하지 말라고 했다. 하루에 한 번 복용하는 이 약이 치매를 치료하거나 멈추게 하지는 못한다면서. 다만 집에서 자립적으로 살아갈 수 있는 기간을 연장해줄 뿐이라고 했다. 그 기간은 평균 21.4개월이었다.

아버지 생일에 우리는 용기를 내어 아버지를 방문했다. 그때는 여름이었고, 자동차는 렌터카를 빌려 사용했다. 잠은 호텔에서 자고, 집 안이 아니라 테라스에서 아버지를 만났다. 나는 부엌 창문을 통해 아버지가 약을 정리하고, 개수를 세고, 삼키는 모습을 관찰했다. 약을 복용하는 데 꽤 오랜 시간이 걸렸다. 그 점이 나를 불안하게 했다.

그 뒤로 나는 두 달에 한 번씩 아버지를 방문하여 하룻밤을 그곳에서 보냈다. 마스크를 착용한 채 집에 들어가서로 다른 테이블에 앉아 식사를 했다. 그것은 만남이라기보다는 단순한 확인 과정이었다.

아버지는 감염에 대한 두려움 때문에 거의 집 밖으로 나가지 않았다. 성당에도 가지 않았다. 운동 모임에도 참석하지 않았다. 슈퍼마켓에도 가지 않았다. 팬데믹 때문에 많은 노인들이 그랬듯 아버지도 고립되었다. 아버지가 장을 보러 가지 않게끔 나는 '식사 배달 서비스'를 신청했다. 비상사태가 몇 달 동안 이어지면서 나 같은 생각을 하는 사람이 많아졌다. 많은 사람이 생각했던 것보다 훨씬 더 많은 도움이 필요하다는 사실을 깨달은 것이다.

하지만 그런 서비스를 제공하는 회사의 생산량에는 한계가 있었다. 그래서 나는 몇 번의 시도 끝에 겨우 신청에 성공했다. 그렇게 매일 점심마다 아버지 집 앞에는 스티로폼 상자에 담긴 따뜻한 식사가 배달되었다. '배달되었다'고 수동태로 표현할 수밖에 없는 까닭은 아버지와 실제로 접촉한 사람이 없었기 때문이다. 배달원은 가끔 초인종을 누르기도 했지만 때로는 그것조차 잊어버렸다. 언제나 아버지가 문을 열기도 전에 배달원은 그곳을 떠났다. 안전상 이유로 개인적 접촉은 피해야 했다. 그렇게 아버지는 항상 혼자였다.

고립은 아버지에게 큰 영향을 미쳤다. 어떤 날에는 그게 마치 사악한 마술처럼 아버지의 능력을 저하시키기까지 했다. 나는 확인차 아버지를 방문하러 갔을 때, 냉장고 안에서 전기면도기를 발견한 적도 있다. 또 아버지는 집에 있는 모든 안경, 즉 지금 사용하는 안경, 오래된 안경, 예비 안경을 모두 모아서 나란히 놓고는 "이걸 어떻게 해야 하지?"라고 묻기도 했다. 또 한 번은 나에게 리모컨을 보여주며 "이건 무엇에 쓰는 거야?"라고 물은 적도 있다. 전화기가 울리자 안경 케이스를 귀에 대고 말을 하기도 했다.

언젠가 부엌 창문을 통해 약을 복용하는 아버지의 모

습을 바라보며 예상했던 일이 끝내 현실이 되었다. 아버지는 약 상자와 물 한 잔을 앞에 두고 내게 전화를 걸어 "이 약을 어떻게 해야 하는 거니?"라고 물었다. 처음에는 아버지가 약을 복용할 수 있게 동생과 내가 전화로 도와주었다. 아침에는 일곱 알, 저녁에는 네 알을 복용해야 했는데, 어떤 날은 그 일을 완수하는 데 2시간이 걸리기까지 했다.

결국 나는 의사에게 방문 간호 서비스를 문의했다. 의사는 간호 신청을 할 수는 있지만, 서비스를 받게 되면 취소할 수 없다고 말했다. 그 뒤, 매일 아침과 저녁에 작은 자동차가 집 앞에 도착했다. 요양보호사들은 집에 들어올 때 보호복을 입었는데, 그 모습이 마치 유령 같았다. 그들이 얼른 떠나기를 바랄 만큼 섬뜩했다. 실제로 그들은 아버지에게 약만 주고 얼마 지나지 않아 집을 나섰다. 의사는 우리에게 요양 보험을 신청하라고 강력히 권했다.

아직은 긴박하거나 중요한 결정이 요구되는 상황까지는 이르지 않았다. 그렇지만 나를 서서히 옥죄며 다가오는 게 있음을 직감했다. 그것은 바로 수집과 보존의 시대가 끝나가고 있다는 깨달음이었다.

체코의 박물관학자 즈비네크 스트란스키 Zbyněk Z. Stránský 는 왜 우리가 물건을 수집하고 보관하려고 하는지를 연구했다. 1960년대에 박물관학이 무엇을 연구해야 하는지를 놓고 고민한 그는 박물관이 단지 목적을 위한 수단, 즉 보관하고 전시하는 장소일 뿐이라고 생각했다. 그리고 박물관학은 그 목적 자체를 다루어야 한다고 주장했다. 이러한 목적을 스트란스키는 '박물관성', 즉 '인간이 현실에 대해 내리는 가치 판단의 관계'라고 설명했다. 스트란스키에 따르면, 현실에 대한 이런 가치판단은 우리에게 특정한 물건을 수집하고 보관하려는 욕구, 이 물건들을 특정한 상황을 위한 증거로 사용하고 전시하고 감상하려는 욕구를 불러일으킨다.

현실과 맺는 관계에 따라 보관할 가치가 있다고 여기는 것과 그렇지 않은 것은 달라진다. 따라서 박물관은 수집 콘셉트가 필요하다. 수집 대상인 물건은 박물관의 관심 분야와 관련이 있고, 대표성을 지녀야 하고, 보존과 전시 또한 가능해야 한다. 아울러 기존 수집품을 의미 있게 보완해야 한다. 그리고 수집 콘셉트는 꾸준히 업데이트된다.

박물관의 수집 기준은 인간의 기억에도 적용할 수 있다. 그 둘은 매우 비슷하게 작용한다. 심리학에서는 다른 개념, 즉 '음운 루프phonological loop' '시공간 스케치패드visuospatial sketchpad' '감각 등록기sensoric register' 등의 개념을 이용해 우리 삶에서 입력되는 신호, 요컨대 눈·귀·피부·코·입을 통해 들어오는 이미지와 소리와 그 밖의 또 다른 감각적인 인상을 설명한다.

그러나 우리는 세상에서 벌어지는 일을 찾아다니며 기록하는 카메라가 아니다. 게다가 카메라보다 기능이 떨어진다. 심리학은 우리가 받아들이는 여러 가지 인상의 흐름 중에서 어떻게 흥미로운 것만 골라내는지를 설명할 뿐이다. 우리는 흥미로운 정보를 몇 초간 단기 기억에 저장한다. 그 정보가 기억의 수집 콘셉트를 의미 있게 보완해주기 때문에 계속 다루고 조사하고 분류하며 활용할 경우, 우리는 그것을 장기 기억으로 전송한다.

무엇을 기억하고 무엇을 잊을지는 현실에 대한 우리의 관계가 결정한다. 그리고 우리의 수집 콘셉트에 맞지 않는 것은 버려진다. 그것은 어쩌면 다른 곳에 더 적합할 수 있다.

아버지의 수집 콘셉트는 이미 오래전부터 매우 폭넓게 설정되어 있었다. 아버지는 역사, 지리, 정치, 물리학, 축구, 오락 등 많은 주제에 관심이 있다. 모든 분야에 웬만큼 지식이 있으며, 그에 관한 충분한 대화도 가능할 정도다. 사람들과 함께 있을 때는 말수가 적었지만, 이야기 도중 능숙하게 방향을 잡아주는 역할을 하곤 했다. 대화가 카를 대제에서 갑자기 카를 마이 Karl May (독일의 대표적인 모험작가—옮긴이)에 관한 이야기로, 이어서 레이디 가가 Lady Gaga로 넘어가도 아버지는 각각의 주제에 대해 두세 문장으로 요점을 정확히 전달할 수 있었다.

불필요한 말은 한마디도 하지 않았다. 문장은 정밀하고 정확했으며, 아버지의 말을 의심하는 사람은 거의 없었다. 게다가 가끔 건조한 유머로 사람들을 즐겁게 만들기도 했다. 한번은 식사 초대를 받았을 때 집주인이 "마실 것을 드릴까요? 샴페인, 와인, 맥주?"라고 물었다. 아버지가 "아니요, 괜찮아요"라고 답했더니 집주인이 "무해한 음료도 있습니다"라고 말하자, 아버지는 "그건 더더욱 괜찮습니다"라고 대답했다.

아버지의 물건 수집 콘셉트는 그 범위가 결코 좁지 않았다. 제과점에서 브로슈어를 발견하거나 극장 로비에서 공연 일정이 기록된 카탈로그를 보면, 한두 부를 접어 재킷 속주머니에 챙겨 넣었다. 박물관을 방문하면 인쇄된 작품을 적어도 하나는 구입했다. 그걸 어디에 둘지는 당연히 고민하지 않은 채. 뿐만 아니라 톱날, 알람 시계, 만능 접착제, 새 모이 등 언젠가 필요할 것 같은 물건을 기회가 생길 때마다 사들였다.

폭넓은 수집 콘셉트는 확고한 보존 의지를 동반했다. 병 때문이라고 탓할 수 있기 훨씬 전부터 아버지는 물건을 모았다. "이건 나중에 필요할 거야"라는 말을 신조처럼 반복했다. 때때로 이런 예언이 적중할 때가 있었다. 특정한 두께의 나무토막, 정원 호스 어댑터, 의자, 벽돌 또는 어떤 신문 기사 내용이 필요할 때면 아버지는 지하실이나 다른 곳으로 사라졌다가 필요한 것을 찾아 나타났다. 그러고는 승리감에 차서 "이것 봐" 하고 말했다.

아버지의 방대한 물리적·정신적 수집품을 정리하기 위해서는 시스템, 개요 그리고 무엇을 어디에 어떻게 사용할 수 있는지에 대한 실용적인 상상력이 한 스푼 정도 필요한 듯하다.

아버지는 그 모든 것을 가지고 있었다, 그때까지는.

물건을 수집하는 개념이 단순히 모으는 것뿐만 아니라 버리는 것과 관련이 있을 수도 있다는 점을 박물관 세계에서는 최근에야 인식한 듯하다. 보관해온 물건을 처분하는 것을 매우 오랫동안 금기시하다가 최근 들어서야 이에 대한 논의를 시작한 것이다. 그렇게 수집의 반대 개념으로 '탈수집'이라는 용어가 생겨났다. 독일박물관연맹의 가이드라인에 명시된 수집품 처분 기준은 다음과 같다.

- 박물관의 수집 콘셉트가 바뀜에 따라 그 물건이 박물관의 관심 분야와 맞지 않게 된 경우.
- 물건이 수집 콘셉트와 연관성이 불분명해 문맥 없이 존재하고, 이를 어떻게 활용할지 알 수 없는 경우.
- 물건이 수리할 수 없을 정도로 손상되었거나 온전한 부분도 더는 의미가 없는 경우.
- 물건이 사람의 건강이나 환경에 해로운 경우.
- 중복된 물건일 경우.
- 특정 수집 그룹이 과잉 대표되면서 해당 물건이 유사한 것들 속에 묻혀 드러나지 않게 된 경우.

위의 기준을 읽으면서 나는 그것이 인간의 망각과 '내려놓기'에 관한 규칙까지 설명할 수 있을 것 같다는 인상을 받았다. 그리고 이런 일을 두려워할 필요가 없다는 생각도 들었다.

　이와 관련해서도 심리학은 고유한 개념을 사용한다. 예를 들어 '흔적 소멸 이론'처럼 시적인 표현처럼 들리는 용어를 사용한다. 흔적 소멸 이론에 따르면, 기억이 더이상 사용되지 않을 경우 모래 위의 흔적처럼 사라진다고 한다. 그 기억이 이제는 수집 콘셉트에 맞지 않기 때문에 사라지는 것이다. 다른 한편 '간섭 이론'처럼 건조하게 들리는 용어도 있다. 이 이론에 따르면, 새롭게 받은 인상이 오래된 기억과 모순될 경우 오래된 기억이 새로운 인상을 밀어낸다. 또는 새로운 인상이 오래된 기억을 밀어내기도 한다. 그 밖에 '동기화한 망각'과 '억압'은 좋지 않은 기억을 우리가 어떻게 처리하는지를 설명하는 심리학 개념이다.

　기억 연구는 우리가 어떤 것을 기억하고 어떤 것을 잊어버리는지 예측한다. 연구에 따르면 우리는 일상적인 것은 쉽게 잊어버리는데, 비슷한 경험을 중복으로 간주해 기억에서 제외하는 것이다. 그래서 1년 중 겨우 8~10일 정도만 기억에 남는다. 감정적으로 강렬한 순간일수록 30년 후에도 그때를 기억할 가능성이 높다. 반면에 평범한 일상적 기쁨·걱정·사건으로 이루어진 단조로운 파도는 과잉 대표되는 수집 영역에 포함된다.

첫 키스는 아무도 잊지 못한다. 최악의 키스도 마찬가지다. 그러나 열 번째 평범한 키스는 중요하지 않기 때문에 삭제된다. 우리의 삶은 대부분 이러한 평범한 일로 채워져 있다.

팬데믹이 시작되고 두 번째 해 여름에 우리의 일상 일부가 조심스럽게 정상화하는 듯했다. 몇 번의 시도 끝에 드디어 우리는 2021년 부활절 밤에 아버지를 이웃 마을 사무실 건물에 마련된 백신접종센터로 모셔갈 수 있었다. 예약 시각은 밤 9시였다. 북적이는 인파를 헤치고 백신 접종 구역을 지나가는데, 마치 새로운 삶으로 인도받는 듯했다.

그리고 어떤 면에서는 정말 새로운 삶이 시작됐다. 우리는 아버지를 다시 정기적으로 방문하고, 집에서 하룻밤을 보낼 수 있었다. 아버지와 함께 숲으로 산책을 나가고 사슴을 관찰했다. 새로운 심장판막 덕분에 아버지는 우리도 오르기 버거운 산을 빠르게 올라갔다. 함께 식사하러 외출하고 호숫가를 거닐었다. 아버지는 접이식 의자에 앉은 채 물가에서 노는 손녀와 그 너머 풍경을 물끄러미 바라봤다. 나는 아버지의 그런 모습을 바라보는 게 좋았다. 호숫가나 테라스에 앉아 있는 모습. 마치 아무것도 부족한 게 없고 더 이상 바랄 것도 없는 듯한 표정.

더운 나날이 계속 이어졌다. 마치 여름이 끝나지 않을 것 같은 기분이었다.

정상화가 진행되는 여름 동안에 나의 내면에서는 빠르고 갑작스럽게, 마치 준비 과정 없이 찾아온 가을처럼 새로운 감정이 하나 자리를 잡았다. 정상화는 허상이라는 느낌이 그것이다. 우리는 서로 입 밖에 내지는 않았지만 아버지가 집과 정원에서 노후를 보내고, 언젠가는 자신의 침대에 누워 마지막 날을 맞으리라고 애써 믿으려 했다. 그러나 이런 희망이 이뤄질 수 없다는 사실이 점점 더 확실해졌다. 의사는 진료 책상 너머에 앉아 있는 아버지에게 "운이 안 좋으면 10년은 더 사실 거예요"라고 말하며 웃음을 지었다. 우리가 차마 꺼내지 못했던 사실을 그렇게 말했다. 아버지는 더 이상 집에서 이대로 살 수 없었다.

이 시기에 나는 우리가 무얼 미루고 있다는 느낌이 점차 분명해지는 것을 깨달았다. 애써 무시하려 했거나, 외면하려 했거나, 인정하지 않으려 했던 것. 좀 더 관대하게 표현하자면 잘못 해석한 어떤 것이 있다는 느낌이 들었다. 우리에게, 아버지의 아들들에게 이 실수에 대한 책임이 있다고 느꼈다. 인정하지 않으려는 마음은 사실 두려움과 관련이 있는 것 같다. 그것은 떠나보내야 한다는 두려움, 즉 상실의 두려움이었다.

그러나 이런 두려움이 무엇에 대한 것인지는 전혀 알 수 없었다. 아버지에게 무슨 일이 일어나든, 우리가 어디에 있든, 그는 여전히 존재할 것이다. 아버지 세대의 기대 수명은 실제로 꽤 길기 때문이다. 아버지의 집은 80년 넘게 있던 그 자리에 앞으로도 변함없이 남아 있을 터였다.

우리는 아무것도 손대지 않을 테고, 집 안의 시간은 멈춰 있을 것이다. 아버지가 살아 있는 동안 우리는 아버지에게 집을 잘 간직하겠다고 말할 것이다. 당신의 접시와 메모장, 예비 안경들도 그대로 둘 테고, 원하시면 언제든 돌아오실 수 있다고 말할 것이다. 하지만 그 말은 진실인 동시에 거짓이다.

왜냐하면 아버지는 여전히 존재하지만, 변해가고 있었기 때문이다. 나는 곧 다른 시각으로, 다른 시간 속에서 그리고 우리 삶의 새로운 페이지에서 아버지를 바라보아야만 할 것이다. 집도 차차 유령의 집처럼 변해 우리가 아버지를 방문할 일도 거의 없을 것이다. 따라서 이 집도 다른 시각으로 봐야 하고, 새로운 페이지에서 다른 기능을 부여받을 것이다.

우리는 아무것도 그리고 누구도 완전히 떠나보내야 할 필요는 없지만, 한번 넘으면 그 뒤로 많은 것이 사라질 기이한 문턱을 넘어야만 했다. 어떤 것들은 새로운 자리를 찾아야만 했다. 그리고 정상화한 것처럼 보이던 그 여름에 나는 내키지 않았지만 결국 미루던 일을 끝내야만 했다. 나는 어머니의 죽음 이후 물건들에 대한 감정이 변했던 것처럼 우리의 예전 집 그리고 아버지를 대하는 감정이 변해가는 것을 느꼈다.

나는 박물관에서 필요 없어진 수집품을 처리하는 방법에 관한 지침을 읽었다. 거기에서 제시한 방법들은 다음과 같다.

- 이전 소유자에게 반환: 물건의 소유권이 그 사람에게 있는 경우.
- 다른 박물관에 기증: 그 물건이 다른 박물관의 수집 콘셉트에 더 걸맞은 경우.
- 다른 물건과 교환: 현재의 수집 콘셉트에 더 적합한 다른 물건과 맞바꾸는 게 가능한 경우(우리가 '기억을 교환했다'고 말할 경우, 그것은 어떤 의미일까?).
- 폐기: 아무도 그 물건을 필요로 하지 않을 경우.
- 위험한 물건 또는 잘못된 발견 위치 정보를 지닌 채로 다시 수집 순환 시스템에 유입될 수 있는 물건은 즉시 파기.

이 방법들 중 어떤 것도 내 상황과는 맞지 않는다.

이런 변화의 시기에 회색 봉투에 담긴 편지가 도착했다. 묘지 관리 사무소에서 보낸 이 편지는 바로 다름슈타트의 무덤 번호 02/1-173에 관한 내용이었다. 그것은 다름슈타트의 구묘지 담장 옆에 있는, 어머니의 오랜 친구 무덤이다.

그분에게는 가족이 없다. 1944년 9월 다름슈타트 공습 때 대부분의 가족을 잃었다. 그분이 우리 집에서 자동차로 30분 정도 떨어진 곳에 살고 있을 때, 우리는 해마다 12월이면 장식을 주렁주렁 매단 작은 전나무 화분을 들고 찾아가 크리스마스 노래를 부르곤 했다. 나중에는 부모님이 그분을 돌봐주었다. 그분이 죽은 뒤에는 무덤도 돌보았다. 그분은 내가 부모님 집을 떠날 무렵 돌아가셨는데, 벌써 25년이 넘었다. 관리 사무소에서는 무덤 사용 기간이 만료되었다고 알리며, 다음과 같은 지침을 안내해주었다—꽃은 뿌리째 제거하고, 자갈과 이름이 새겨진 묘석은 폐기해야 한다. 그러나 장식용 돌과 테두리는 남겨둘 수 있다. 땅의 파인 부분은 '토양을 다져' 복구해야 한다. 또는 수수료를 한 번 더 지불하고 사용 기간을 연장할 수 있다.

아버지, 동생 그리고 나는 어떻게 해야 할지 의논했다. 무덤이 사라지기 전에 한 번이라도 가봐야 하지 않을까 생각했다. 우리는 무덤에 가보기로 했다. 그러나 시간이 없다. 머릿속이 팬데믹과 아버지 문제로 가득 차 있었기 때문이다. 나는 이메일을 보내 무덤 정리 작업을 묘지 정원사에게 맡겼다. 그들에게는 지극히 일상적인 일일 것이다. 하지만 나는 마음이 편치 않았다.

정확히 무엇 때문에 마음이 불편한지는 설명할 수 없었다. 우리가 잃어버린 게 과연 무엇인지도 알 수 없었다. 우리가 담장 옆에 묻혀 있는 엄마의 친구를 찾아가 계속해서 기억해줄 수는 없을까. 비록 무덤에 새로운 이름이 새겨지더라도 말이다.

무덤 사용 기간이 만료된 이들에 대해 오랫동안 생각해 봤다. 묘지 비용을 이제 아무도 지불하지 않게 된 이들, 어떤 묘비에도 이제 이름이 남아 있지 않은 이들, 이제 꽃을 심어주는 사람이 없는 이들. 이유는 모르겠지만, 어릴 때부터 부모님과 함께 묘지에 갈 때면 이들에 대해 생각하곤 했다. 그들은 마치 두 번째 죽음을 맞은 것과 같다. 첫 번째 죽음은 삶을 떠났을 때, 그다음 죽음은 묘지와 우리 세계에서 사라져 망각의 영역으로 이동했을 때. 이 영역은 더욱더 깊은 곳에 자리 잡고 있다. 그렇지만 누가 어디에 묻혀 있는지 알고 있는 한 그곳은 기억의 장소가 될 수 있다. 그곳에는 만료 기한이 없다.

내가 묘지의 보이지 않는 여러 죽음에 신경 쓰는 이유는 아마도 박물관의 저장고에 매료되는 이유와 본질적으로 같을 것이다. 박물관 저장고에는 전시되지 않는 수집 품목이 보관되어 있다. 전시회를 보고서는 저장고에 어떤 수집품이 있는지 짐작조차 할 수 없다. 박물관에 따라 다르겠지만, 전시품 대비 최대 90퍼센트의 소장품이 저장고에 보관되어 있다는 글을 읽은 적이 있다. 어떤 물건은 단 한 번도 전시장에 모습을 드러내지 않는다. 박물관을 돌아다닐 때면 나는 전시된 것들보다 이처럼 저장고에 있는 것들에 관한 생각에 더 자주 사로잡힌다.

내키지는 않았지만, 나는 요양 보험 서류를 보내달라고 요청했다. 서류 중에는 여러 페이지에 걸쳐 작성한 질문지가 포함되어 있었다. 나는 처음으로 아버지의 능력에 대해 체계적으로 평가를 내려야만 했다. 그 질문들은 인간의 신체 상태가 어느 정도까지 나빠질 수 있는지, 아버지의 상황이 아직 얼마나 괜찮은지를 깨닫게 해주었다. 나는 감사한 마음으로 '침대에서 자세 바꾸기' '안정되게 앉은 자세 유지' '거주 공간 내 이동'에는 문제가 없다고 표기했다. 아버지는 여전히 계단을 오르내리고, 스스로 씻고, 옷을 입을 수 있다. 물론 그 과정이 이제는 몹시 오래 걸리긴 하지만.

최근 몇 년 동안 '요양의 필요성'이라는 개념이 좀 더 광범위해졌다. 이제는 침대에만 누워 있거나 겉으로 보기에 바로 알아차릴 수 있는 정도의 치매 환자만 요양 대상에 포함해서는 안 된다고 여기게 되었다.

나는 한눈에 바로 알아차릴 수는 없지만 조금만 더 자세히 살펴보면 알 수 있는 아버지의 상태를 빈칸에 설명하기 시작했다. "7월부터 급격히 악화함. 갑자기 혼자서는 약을 복용하지 못하게 됨. 음식물 자르기, 포장지 열기, 라디오 켜기 등 일상적인 일을 하는 데 문제가 있음. 꾸준히 알려주지 않으면 물 마시는 걸 잊어버림. 계절에 맞는 옷을 찾고 선택하는 데 어려움이 있음(예: 한여름에 반바지 등). 물건을 엉뚱한 곳에 놓거나 혼동함(예: 안경, 열쇠 등). 스트레스 상황(예: 의사 상담 시간 전)에서 시계를 읽는 데 어려움 발생. 하루 동안 여러 가지 일을 해야 할 경우 전체적인 과정을 파악하기 어려워함. 편지 내용을 이해하거나 통화한 내용을 설명하기 어려워함. 매우 제한적인 대인관계 유지. 자발적으로 이뤄지는 만남은 거의 없음. 똑같은 생각을 반복적으로 함." 증상을 기입하는

칸이 가득 찼다.

  서류를 바라본다. 그것을 보내려니 마음이 편치 않다. 이 정보를 제공함으로써 실제로 무언가를 내어주고 다시는 돌려받을 수 없을 것만 같은 기분이 들었다. 그런 기분과 함께 서류봉투를 우체통에 넣었다.

  변화가 진행되던 몇 달 동안, 정상화가 단지 허상에 불과하다는 인식을 품게 되던 이 시기에 나는 시간이 부족했음에도 특히 한 가지 습관을 고수했다. 내가 어린 시절을 보낸 예전 집을 방문했을 때도, 베를린의 우리 집에서도 반드시 이것을 지켰다. 양쪽 집에 있을 때면 그 필요성을 더욱 강하게 느꼈으며, 덕분에 그 습관을 실천하기가 훨씬 수월했다.

  나는 아침에 눈을 뜨면 침대에서 바로 일어나지 않는다. 누운 채 창밖을 바라보며 내 삶의 여러 시기를 되돌아본다. 예를 들면 청소년기와 청년기, 부모님 집에서 보낸 마지막 몇 년, 대학 시절 그리고 첫 직장 생활 초반 등등. 그 시절이 아주 생생하게 다가와서 마치 그때를 다시 경험하는 듯하다. 그래서 창밖을 바라보고 있다는 것도, 내가 어디에 있는지 지금이 언제인지도 잊곤 한다. 그렇게 한 시기를 되돌아본 다음, 다시 현실로 돌아와 목덜미에 닿는 베개의 감촉을 느끼고, 소음을 듣고, 나를 기다리고 있는 그리고 오늘 끝내야 할 일을 생각한다. 그러다 문득 과거 나의 '현실'이었던 것들이 이제는 '기억'이라는 사실을 깨닫는다.

요컨대 나는 심리학자 엔델 툴빙 Endel Tulving이 '정신적 시간 여행'이라고 명명한 것을 경험한 것이다. 그는 우리가 한때 아이였다는 사실을 지식으로만 아는 것은 아니라고 했다. 우리는 그것을 기억할 수 있다. 구체적인 장면 속으로 들어가 그 순간을 다시 경험하는 것이다. 툴빙은 사건 기억 연구 분야의 선구자인데, 신경과학이 그의 발견을 뒷받침한다. 신경과학은 어떤 경험에 관련된 기억이 그 경험 자체와 동일한 활동 패턴을 뇌에서 불러일으킨다는 사실을 발견했다. 즉 뇌에는 기억이 재경험과 마찬가지라는 것이다. 그래서 우리는 기억에 휩쓸리기도 하고 멀어지기도 한다.

모든 기억은 실제 현실에 관한 인식을 잃게 만들 위험을 항상 내포하고 있다. 예술교육학자 에바 슈투름 Eva Sturm은 〈박물관화와 현실감 상실〉이라는 글에서 이러한 위험을 설명했다. 슈투름은 이 위험을 특히 완벽하게 재구성된 역사적 영역과 관련해 논의하는데, 그 공간들은 마치 테마파크처럼 우리를 몰입하게 만든다. 그렇다 보니 실제 현실을 잊어버리기 쉽다.

슈투름은 어떤 대상을 박물관화할 때, 그것을 대하는 우리의 태도가 어떻게 변화하는지를 다루었다. 그는 이때 우리가 '관찰자의 태도'를 취하게 된다고 했다. 대상은 본래 맥락에서 벗어나 새로운 시간, 새로운 환경, 새로운 현실 속에 놓인다. 그리고 대상은 하나의 현실을 다른 현실 속에서 기록한다. 우리는 하나의 현실을 또 다른 현실 속에서 바라보는 것이다.

   팬데믹 때문에 대면 진찰은 이루어지지 않았다. 그 대신 전화 상담을 해야 했다. 아버지는 여의사와 상담을 했는데, 통화한 뒤 나에게 '그녀한테' 모든 것이 괜찮다고, 당신은 잘 지낸다고 말했다고 전했다.
   그러나 의사는 아버지와 나눈 몇 마디 대화로 오히려 정반대 사실을 확인할 수 있었다. 이틀 뒤에 아버지는 요양 등급 평가 결과, 3등급 판정을 받았다.
   요양 등급에는 총 5등급이 있다. 우리는 처음 두 단계를 인식하지 못했거나, 아니면 인식하고 싶지 않은 채로 지나쳤다. "그것 봐요" 하고 어느 병원 직원이 내게 말했다. 나에게 요양 등급 평가를 받아보라고 강력히 요구했던 사람이다. 아버지는 앞으로 두 등급이 더 남아 있다. 지금은 딱 중간에 있다. 과거와 미래 사이의 중간인 현재에.

   박물관 '저장고'에 대한 생각이 마음에 든다. 그 생각을 떠올리면 내가 포기하고 싶지 않고 포기할 필요가 없는 것 그리고 변하는 것들도 마치 유용한 그림처럼 느껴진다. 만약 현실과의 관계에서 우리가 무엇을 수집하고 처분할 것인지 결정한다면, 그걸 통해 마찬가지로 무엇을 전시하고 무엇을 저장고에 보관할지도 결정할 것이다. 우리 기억 속의 저장고에 말이다.

아마도 저장고에는 우리가 보존하고 있지만 항상 볼 수 없거나 보고 싶지 않은 것들이 있을 것이다. 또는 매우 귀중하고 민감한 것일 수도 있다. 또는 떠나보낼지 고민하는 것일 수도 있다. 어쨌든 그것들은 우리 눈앞에서 사라졌지만 여전히 존재한다.

저장고는 보존과 처분 사이에 있는 장소다. 저장고에 있는 것은 기억에도 남아 있다. 그것이 존재한다는 사실과 어디에서 찾을 수 있는지를 알고 있다면 말이다. 내가 부모님 집이 어디에 있는지 알고, 어머니의 물건이 다락방으로 올라가는 계단 한쪽에 놓여 있다는 사실을 알고 있는 것처럼.

어쩌면 그렇게 많은 것을 처분할 필요는 없을지도 모른다는 생각이 든다. 어쩌면 버리지 않고 그냥 '내려놓을' 수도 있을 것이다. 시간, 장소, 소중한 것들을 일단 저장고에 넣어두는 것이다.

여름이 지나고 가을로 접어들면서, 나는 이제 더는 이전과 같을 수 없는 것들에 '관찰자의 태도'를 취하려 애쓰게 되었다.

3

불안

불안

    어머니가 돌아가시고 나서 몇 주 동안, 집 앞 돌계단 위에 가끔 음식이 놓여 있곤 했다. 마을 사람들이 놓아둔 것이다. 케이크, 빵, 심지어 플라스틱 용기에 담긴 조리 음식까지 있었다. 어느 노부인은 아버지와 동생 그리고 나를 위해 손수 털실로 양말을 짜서 각각 한 켤레씩 종이로 포장해 우리 이름을 적어놓기도 했다. 나는 추운 날 밤에는 아직도 그 양말을 신는다. 일요일에는 신부님이 가사도우미와 함께 우리를 사제관으로 초대해 와인을 곁들인 점심을 대접하기도 했다.
    어머니가 돌아가시고 남자들만 남았으니 우리가 굶어 죽을지 모른다고 생각한 듯하다. 사람들은 어머니만 요리를 할 줄 안다고 여겼던 듯하다.
    아마 사람들은 좋은 마음으로 그랬을 것이다. 아버지

와 어머니가 번갈아가며 요리했다는 사실을 몰랐을 테니까. 특히 일요일에는 어머니가 미사를 마치고 마을 사람들과 이야기를 나누는 동안, 아버지는 집으로 먼저 돌아와 앞치마를 둘렀다. 재료를 다듬고, 썰고, 소스를 만들고, 굽고, 간을 맞추었다. 그때마다 집 안에는 후드에서 나는 소음과 라디오에서 흘러나오는 클래식 음악이 어우러졌다. 동생과 내가 샐러드 그릇을 식탁으로 옮기려 하면, 아버지는 검지를 들어 올리며 이렇게 말했다. "아직 뭔가 부족해!" 그러고는 샐러드 위에 잎이 달려 있는 독특한 색깔의 페페로니를 올리거나 살구 조각 또는 다른 특별한 재료를 장식으로 얹어 마무리했다.

토요일 저녁에도 종종 아버지가 요리를 했다. 동생과 나는 어머니 옆 소파에 앉아 유럽 최대의 음악 경연 대회인 〈유로비전Eurovision〉이 방영되기를 기다렸다. TV에서 음악이 흘러나오기 시작하면, 아버지는 직접 만든 햄버거가 담긴 접시를 양손에 들고 발로 문을 열며 거실로 들어왔다. 그리고 햄버거가 식지 않게 테이블에 내려놓았다. 아버지는 언제나 새로운 것을 시도하곤 했다.

아버지는 늘 마지막에 식사를 했다.

"맛있게 먹는 것 같구나." 아버지는 이렇게 말하곤 했다. 우리가 아무 말 없이 조용히 먹고 있으면, 다시 한번 강조하듯 "맛있는 거 맞지?" 하고 물었다. 감정을 잘 표현하지 않는 편이지만, 우리가 좀 더 감탄해주길 기대했는지 실망한 듯한 목소리로.

나중에 혼자 살면서 병이 찾아왔을 때도 아버지는 매주 직접 장을 봤다. 빵집, 정육점 그리고 마을 광장 은행 옆에 있는 과일 가게를 다녀왔다. 사람들은 이런저런 물건으로 가득 찬 천 가방의 무게 때문에 어깨가 처진 채 집으로 돌아가는 아버지 모습을 보며 걱정스러운 눈빛으로 우리에게 속삭이곤 했다. "아버지가 아직도 직접 장을 보시니?" 그러면 우리는 당연하다는 듯 이렇게 대답했다. "물론이죠." 아버지가 굶고 있지 않다는 건 분명했다. 바지가 헐거워지기는커녕 오히려 더 꽉 낄 정도였으니까.

그런데 어느 순간부터 아버지는 살이 점점 빠졌다. 체중이 급격하게 줄어들어 마을 사람들이 바로 알아차릴 수 있을 정도였다. "아버님 같은 상황에 놓인 분들은 가끔 식사 자체를 잊는 경우가 있어요." 의사의 말에 우리는 "그럴 리가요" 하고 대답했다. 아버지에게는 하루를 계획하는 데 식사 시간이 여전히 매우 중요한 일과였기 때문이다.

그러나 결국은 우리도 눈치를 챌 수밖에 없었다. 매주 토요일이면 아버지가 구입해온 상추나 당근, 주키니호박 따위가 지하실 보관함에서 그대로 썩어가는 일이 점점 잦아졌다. 부엌 서랍 속에는 즉석조리 식품을 담은 플라스틱 그릇이 가득 찼는데, 너무 적은 용량이라 아버지의 허기를 달래주기엔 턱없이 부족해 보였다. 그리고 한쪽에는 수없이 많은 식빵 봉지가 쌓여갔다.

팬데믹이 시작되기 얼마 전이었다. 하루는 집에 도착

해서 보니, 부엌 창가에 아버지가 서 있었다. 얼마나 오래 그곳에 서 있었는지는 알 수 없었다. 아버지는 손에 '5분 즉석 컵 요리'를 들고는 "뚜껑을 열고 뜨거운 물을 부은 뒤 저어주세요"라고 적힌 설명서를 뚫어지게 바라보았다. 나는 아버지 옆에 서서 아무 말도 하지 않았다. 우리는 한참을 그렇게 서 있었다.

창밖에 놓인 새집이 눈에 들어왔다. 겨울이면 아버지는 당신이 직접 만든 그 새집 안에 해바라기씨를 넣어주곤 했다. 작은 지붕에는 방수포를 덮어 비가 스며들지 않게 했다. 오른쪽에서 검은색 지빠귀 한 마리가 날아와 모이를 쪼아 먹는다. 아버지는 특히 지빠귀를 좋아했다.

마침내 아버지는 돋보기안경을 벗고 고개를 저으며 말했다. "설명이 너무 복잡하구나."

슬픈 목소리는 아니었다. 오히려 다른 사람들은 이 복잡한 일을 어떻게 해내는지, 더 쉬운 방법은 왜 없는지를 진심으로 궁금해하는 듯한 목소리였다.

나는 머릿속으로 항상 가족 돌봄에 대해 논리적인 생각을 품고 있었다. 부모님이 나이가 들면 어느 순간 돌봄 주체가 바뀌는 시점이 온다고 생각했다. 부모님이 자녀를 독립시켜 떠나보내는 날과 정반대 상황이 되는 것이다. 자녀를 떠나보내는 날, 부모님은 이렇게 말씀하신다. "이제 네가 어떻게 해야 하는지 잘 알 거야. 지금부터는 혼자서 모든 걸 해내야 해. 앞으로는 우리가 네 일을 대신

해주지 않아. 아무리 하기 싫은 일이라도 이젠 스스로 해결해야 해." 나는 이 '독립의 날'이 마치 거울에 비친 듯 정반대가 되는 날을 상상한다. 독립 대신 '재통합의 날'이라는 차이만 있을 뿐이다. 자녀가 어머니나 아버지에게 이렇게 말하는 것이다. "이제부터는 제가 해줄게요. 엄마 아빠는 더 이상 어떻게 해야 할지 모르잖아요." 그런 날이 다가오면, 나는 우리가 모두 함께 의논하고 해결책을 찾을 거라고 생각했다. 서로 이해하고 돌보는 가족 안에서 말이다.

그런 대화가 불가능해서 어려움이 생길 줄은 전혀 예상하지 못했다.

아버지가 외부의 도움을 받아들이기까지는 매우 오랜 시간이 걸렸다. 식사 배달, 가사 도우미, 간호 서비스를 향해 문을 열기까지 아버지는 오랫동안 침묵하고 혼자 싸웠다. 그때까지는 어떤 도움도 원하지 않았다. 그러나 결국은 인정할 수밖에 없었다. 겉으로 보기엔 변함없이 집에서 혼자 잘 지내며 자신을 잘 챙기는 듯했다. 하지만 그것은 걱정·분노·불확실성으로 이뤄진 구조물로 지탱되고 있었다. 아무런 소음도 없이 우연에 의존하면서. 이런 시기는 문제가 점점 더 심각해지는 몇 년 동안 지속되었다.

아버지는 마을에서 유일한 홀아비는 아니지만 가장 젊은 홀아비였다. 다른 이들은 혼자 된 지 이미 오래였다. 그들은 날마다 피트니스센터에 다녔고, 정원 울타리도 잘 다듬었다. 커튼 너머로 보이는 집 안도 잘 정리되어 있었다. 게다가 벌써 오래전부터 집안일에 사람들의 도움을 받았다.

그러나 아버지는 오랫동안 버텨오다 결국 너무 벅찬 상황에 직면했다. 이제는 모든 것이 아무래도 상관없게 되었다.

그때는 수십 년 동안 한 가족을 이끌어온 사람이 갑자기 일상생활을 하지 못하게 되는 상태를 상상조차 할 수 없었다. 하루 중 대부분의 시간을 주로 의자에 앉아 보내는 모습을 볼 때마다 나는 아버지가 단순히 너무 게을러진 것은 아닌가 싶었다. 아버지가 본래부터 좋아하지 않던 일과 어느 누구도 좋아하지 않는 일, 예를 들면 청구서 지불하기, 청소하기, 세탁하기 등에서 증상이 두드러지게 나타났다. 몇 주에 서너 가지씩 더는 하지 않거나 쳐다보지 않기로 결심한 일들이 새롭게 늘어났다.

편지가 집 안 여기저기 흩어져 있었다. 봉투에는 변호사로 일할 때 그랬던 것처럼 꼼꼼히 도착 날짜가 적혀 있었다. 하지만 열어본 흔적은 전혀 없었다. 더러운 그릇이 식기세척기에 쌓여갔고, 아버지는 그 옆 안락의자에 앉아 있곤 했다. 증상이 신체적으로 드러나지는 않았기 때문에, 이 모든 일을 아버지가 이제는 할 수 없게 되었다는 사실이 더욱 믿기 어려웠다. 여전히 잘 걷고, 잘 움직이고, 통증도 없었기 때문이다.

우리는 가사 도우미를 고용하라고 몇 년 동안 설득했지만 실패했다. 가사 도우미 얘기가 나오면 아버지는 대화를 바로 거부하거나 똑같은 주장을 반복하곤 했다. 낯선 사람이 집에 있는 것은 있을 수 없는 일이며, 아는 사람이라면 더욱 그렇다고 했다. 특히 자신한테 어떤 도움이 필요한지 전혀 모르겠다고 했다. 당신에게는 전혀 문제가 없다고 했다. 그러면서 누구의 도움을 받고 있는지 묻는 의사와 지인들을 비웃었다. 그들의 꾸민 목소리와 걱정스러운 표정을 흉내 내며 조롱했다.

분명하게 말하지는 않았지만, 아버지는 직장을 다니며 저마다 가정을 꾸린 두 아들이 멀리서나마 자신을 돌봐줄 거라고 여긴 듯하다. 그것은 우리에게 끊임없는 긴장감과 반복되는 갈등을 의미했다. 우리 가족은 평생 동안 좋은 관계를 유지해왔다. 어머니가 돌아가신 후에도 우리는 거의 매년 아버지와 함께 휴가를 갔다. 함께 산을 오르고, 스노클링을 하며 물고기를 관찰했다. 그 후에는 우리 각자의 배우자와 점점 늘어나는 가족 구성원까지 이런 전통에 참여했다. 비록 멀리 떨어져 살았지만, 몇 주마다 한 번씩 모여 서로 얼굴을 보며 '아직 우리에게 남아 있는' 시간을 함께 보냈다. 어머니는 우리에게 남아 있는 시간이 생각보다 훨씬 짧을 수 있다는 걸 보여주었다. 이제 아버지를 방문하는 게 마치 처리할 일이 빽빽한 주말 근무처럼 변해버렸고, 집에 도착하면 각자 자기 할 일을 처리하느라 바빴다.

그 시기는 외로움의 시간이었다. 아버지뿐만 아니라 동생과 나에게도 마찬가지였다. 이웃들은 모든 게 문제

없이 잘 돌아가고 있다고 생각했다. 아버지도 그렇게 생각했다. 하지만 동생과 나는 달랐다. 아무것도 제대로 돌아가지 않는 이 상황을 아무하고도 얘기하지 않은 채 동굴 속에 갇혀 있는 듯한 느낌이었다.

우리가 폐지를 마당으로 옮기고, 병을 치우고, 청소를 하고, 우편물을 처리하는 모습을 볼 때마다 아버지는 화를 내며 소리쳤다. 그래서 우리는 마치 '쾰른의 작은 요정들(한국 동화에 비유하자면, 우렁각시 같은 존재―옮긴이)'처럼 보이지 않게 일을 처리하고 흔적을 남기지 않는 법을 배웠다. 우리는 아버지가 TV를 보며 식사하고 있을 때, 집안을 몰래 둘러보았다. 그리고 아버지가 병원에 며칠 입원해 있거나 자고 있는 틈을 활용해 일을 처리했다. 만약 부스럭거리는 소리 때문에 들키면, 아버지는 우리를 가로막으며 "내가 혼자서도 할 수 있어!"라고 소리쳤을 것이다.

"알아요." 나는 여러 번 대놓고 말했다. "그렇지만 안 하니까 문제죠."

단호한 목소리로 그렇게 말했지만, 돌아서는 순간 바로 불안감에 휩싸이곤 했다.

불안감은 그 시기에 내가 느낀 지배적인 감정이었다. 그때 아버지가 할 수 있는 일은 무엇이고, 할 수 없는 일은 무엇이었을까? 우리의 분노는 어디까지 정당했을까? 아버지를 대하는 우리의 행동은 언제부터 부당했을까? 아버지의 일상생활은 언제부터 아무리 애써도 더 이상 감당할 수 없는 지경에 이른 것일까?

　어느 여름, 아버지는 새 커피 머신을 사고 싶어 했다. 나는 가장 단순한 모델을 선택했다. 기존에 있던 커피 머신과 같은 모델에 추가 버튼이나 새로운 기능이 없는, 심지어 색상까지 같은 것을 골랐다. 나는 아버지 집 근처에 있는 전자제품 매장에 미리 주문을 해놓았다. 그리고 날을 잡아 아버지와 함께 매장으로 갔다. 점원이 커피 머신을 상자에서 꺼내 테이블 위에 올려놓았다. 유리 용기, 필터 케이스 그리고 스위치로 이뤄진 단순한 기계였다. 아버지는 잠시 그 앞에 서서 가만히 바라보았다. 그러더니 손으로 원을 그리며 "이 모든 게 다 포함된 거란 말이죠?" 하고 물었다.
　나는 순간 당황했고, 어느 정도 시간이 지나서야 아버지가 이제는 커피 머신을 사용할 수 없으리라는 사실을 깨달았다. 그런 상황을 받아들이기까지 꽤 시간이 필요했다. 나는 점원에게 좀 더 생각해보고 다시 오겠노라 말했다. 아무 말 없이 기계를 다시 상자에 넣던 점원이 놀라움과 짜증 섞인 표정으로 나를 바라보았다.
　나는 잔 위에 올려서 사용할 수 있는 커피 드리퍼를 사드렸다. 아버지는 드리퍼에 종이 필터를 끼우고, 커피 가루를 넣고, 물을 붓는 일은 할 수 있었다. 한동안은 그랬다. 그러나 나중에는 그것마저 불가능해졌다.
　이제 아버지는 오직 인스턴트커피만 마신다.

아버지의 변화는 나를 두렵게 했다. 나는 도대체 무슨 일이 일어나고 있는지 이해하고 싶었다. 그러던 중 엔델 툴빙의 '정신적 시간 여행'에 관해 읽었던 게 떠올랐다. 툴빙은 우리가 과거로만 시간 여행을 하는 것이 아니라, 미래로도 시간 여행을 한다고 강조한다. 대부분의 사람들은 미래를 생각하는 것도 기억의 일환이라는 말을 들으면 놀랄 것이다.

우리는 과거의 경험을 회상하며, 그걸 바탕으로 미래에 어떻게 행동할지 상상한다. 우리의 서사적 기억은 진화 과정에서 비교적 늦게 발달했다. 툴빙은 이것이 단지 우리가 미래를 계획할 수 있게 하려고 해 뒤늦게 발달한 거라고 확신한다. 이 능력은 "아침 일찍부터 밤늦게까지 개인의 일상생활 전반에 걸쳐 작용한다".

툴빙에 따르면 우리에게 결정적 이점을 가져다주는 능력이다. 우리가 단순히 환경에 반응하는 데 그치지 않고 우리 필요에 맞춰 환경을 조정할 수 있게 해주는 것이다. 그 덕분에 우리는 과일을 채집하는 걸 넘어 재배하고, 동물을 단순히 사냥하는 걸 넘어 사육하기에 이른 것이다. 또한 국가, 법, 돈, 종교, 예술 같은 추상적인 개념을 고안할 수 있게 되었다. 이런 모든 것은 미래의 자기 이미지를 만들어내는 능력, 즉 미래에 살고 있는 우리의 이야기를 상상하고 창조하는 능력 없이는 불가능했을 것이다.

이 개념은 단순해 보인다. 그러나 사회학자 알프레트 쉬츠 Alfred Schütz는 단지 어떤 일을 어떻게 할지 상상하는 것만으로는 충분하지 않다고 지적한다. 그는 어떤 행동을 하기 위해서는 내가 그것을 완료했을 때를 상상할 수 있어야 한다고 말한다. 즉 미래완료형을 상상해야 한다는 것이다. 미래완료형이란 미래와 과거의 규칙을 혼합해서 만들어낸 형태다. 어떤 행동의 결과를 상상할 수 있을 때만 그 결과로 이어지는 과정을 재구성할 수 있다. 그러기 위해 나는 미래의 기억을 미리 생각해내야만 한다.

쉬츠와 관련해 에드문트 후설 Edmund Husserl은 이러한 미래로의 기억을 '선기억'이라고 일컬었다. 이는 우리가 평소 별로 주의를 기울이지 않는 사고 과정이다. 하지만 이는 우리의 기억 능력을 여러 번 활용해야 하는, 정신적으로 최고 수준의 능력이 필요한 작업이다.

그런 깨달음을 마주한 순간, 마치 누가 손바닥으로 뒤통수를 한 대 강타한 듯한 느낌이 들었다. 꽤 아팠다. 아버지는 우리가 쉽게 할 수 있다고 여기는 행동을 더 이상 실행할 수 없었다. 툴빙과 쉬츠 그리고 다른 이들 덕분에 나는 이러한 행동들이 그렇게 간단하지 않다는 것을 깨달았다. 이 모든 행동은 미래완료형을 형성할 수 있는 능력을 전제로 한다.

아버지는 아직은 미래의 행동을 상상할 수 있다. 내가 "산책 갈까요?" 또는 "아이스크림 먹으러 갈까요?" 하고 물으면, 아버지는 기뻐하며 "그래"라고 대답한다. 그러나 미래에 어떤 행동을 완료한 상황을 상상하지는 못한다. 테이블에 저녁 식사를 차려놓고 내가 "의자에 앉아서 드세요"라고 말하면, "그럴 필요가 뭐 있어?"라고 묻는다. 그러고는 선 채로 식사를 하려다 제대로 못 하면 화가 나서 투덜거린다.

그때 이미 아버지는 드리퍼에 필터를 넣고 커피를 추출하는 과정이 어떻게 진행되는지 이해할 수 없게 되었다. 자신의 목표를 위해 필터를 어떻게 끼워야 하는지 알지 못했다. 요양 보험 설문지에서 언급한 '여러 단계로 이뤄진 일상적인 행동'이 불가능해진 것이다.

아버지가 언제 그 능력을 상실했는지 말할 수 없지만, 그 능력이 사라졌다는 사실을 부정할 수는 없었다.

나는 아버지가 먹는 걸 잊은 게 아니라, 어떻게 먹어야 하는지를 잊었다는 것을 깨달았다.

내가 새로운 사실을 깨달았다고 해서 시간이 멈춰주지는 않는다. 상황은 계속 변화해갔다. 우리는 가능한 한 오래 아버지가 예전 집에서 지낼 수 있게 했다. 그게 아버지가 원하는 바였다. 비록 자신의 상태를 명확하게 말하지는 않았지만, 집을 떠나고 싶어 하지 않는 마음은 충분히 전달되었다. 아버지는 테라스에서 정원을 바라보거나 소파에 앉아 TV를 볼 때 "난 여기가 참 좋구나"라고 말했다.

다른 사람의 도움을 받자고 간절히 요청하는 한편, 우리가 아버지 몰래 집안일을 처리하던 몇 년 동안 한 가지 희망을 발견했다. 아버지가 외부인의 도움 없이는 더 버틸 수 없다는 사실을 인정하게 된 것이다. 아버지는 심지어 지인들에게 직접 도움을 요청했고, 매주 목요일에 집안일을 도와줄 여성을 물색하기도 했다. 또 수요일에는 의사가 추천해준 기억력 훈련사의 방문도 허락했다. 놀랍게도 아버지는 두 사람을 모두 마음에 들어 하고 신뢰했다.

우리는 비디오 시스템을 설치하고, 알렉사(AI 음성 인식 플랫폼—옮긴이)를 집에 들였다. 드롭인drop in 기능을 사용하면 카메라를 통해 아버지를 직접 확인할 수 있다. 이제는 전화를 받기 위해 아버지가 무얼 작동하지 않아도 된다. 프라이버시는 보장되지 않지만, 전화나 영상통화를 하기 어려운 사람에게는 축복과도 같은 기능이다.

화면을 통해 우리는 매일 만났다. 함께 퀴즈를 풀고 운동을 했다. 아버지는 체조 모임에서 배운 동작을 보여주기도 했다. 이렇게 나도 집 밖으로 거의 나가는 일 없이 팬데믹 초기의 시간을 보냈다. 병원에 갈 때는 동생이나 내가 아버지를 방문해 동행했다. 새로운 문제가 생기면 동생과 함께 해결 방법을 고민했다. 예를 들면 아버지가 자꾸만 현관문 열쇠를 잃어버리자, 열쇠고리를 눈에 띄는 큰 나뭇조각으로 교체했다. 이제는 잃어버리지 않을 것이다.

가사 도우미, 요양 서비스, 배달 음식, 기억력 훈련사, 먼 곳과 가까운 곳에 사는 두 아들. 이런 생활이 얼마 동안은 정말로 잘 작동하는 것 같았다. 나는 안도의 숨을 쉴 수 있었다.

그런데 마치 우리가 항상 두 발짝 뒤처진 듯, 상황은 언제나 조금씩 앞서 악화했다. 아버지가 현관 앞에 점심이 놓여 있다는 사실을 알아차리지 못하거나, 집 안으로 음식을 들여놓고는 어디에 두었는지 잊어버리는 순간이 온 것이다. 아버지는 나에게 전화를 걸었고, 우리는 함께 통화하면서 도시락을 찾아 온 집 안을 뒤졌다.

또 아버지가 현관문이 고장 났다고 확신하는 순간도 찾아왔다. 우리는 아버지와 함께 열쇠를 왼쪽으로도 돌려보고 오른쪽으로도 돌려보았다. 아버지는 문 앞에 서서 어쩔 줄 몰라 하며 이렇게 말했다. "누가 이렇게 복잡한 것을 생각해낸 걸까?" 그 뒤로 아버지는 집 밖으로 나가지 않았다. 늘 어떤 '문제'가 생길까 봐 걱정하며 지냈다.

그리고 끝내는 마실 물이 어디에 있는지, 침대가 어디에 있는지 묻는 순간이 왔다. "요즘엔 화장실 찾기가 쉽지 않다"고 말했다. 전화나 비디오를 이용해 아버지를 집 안에서 안내하기가 점점 더 어려워졌다. 아버지는 무얼 찾지 못하거나 옷장에 낯선 사람이 숨어 있다고 생각하면 거의 공황 상태에 빠지곤 했다. 자신의 집과 불안 속에 갇혀 있는 그 모습이 몹시 안타까웠다.

전화기를 통해 계속해서 물 흐르는 소리가 들리는 날이 찾아왔다. 우리는 어떤 수도꼭지가 열려 있는지 힘들게 찾아야만 했다. 아버지는 열려 있는 수도꼭지 앞에서 이제 어떻게 해야 하는지 물었다. 전화기는 이미 어디에 내려놓은 상태였다. 나는 대답하기 위해 허공에 대고 소리를 질렀다. 이제는 아버지가 혼자서 지낼 수 없다는 사실이 분명해졌다.

그렇다면 이제 어떻게 되는 걸까?

갑자기 나 또한 미래완료형을 완성하는 데 한계에 부딪혔다. 미래에 있는 나와 우리의 모습을 그리기 힘들었다.

우리는 이전에 한 번도 경험해본 적 없는 상황에 놓였다. 경험을 토대로 만들어낸 후설의 '선기억'은 모두 흐릿한 이미지뿐이었다. 전부 쓸모없는 이미지다.

알프레트 쉬츠는 우리가 미래의 문제를 해결하기 위해 '사용 가능한 지식의 저장고'를 활용한다고 했다. 이것은 우리의 개인적인 경험과 우리가 알고 지내는 다른 사람들의 경험을 포함한다. 불타는 집을 직접 경험한 적이 없어도 불이 나면 집에서 도망쳐야 하는 걸 아는 것과 마찬가지다.

그러나 쉬츠는 어떤 것도 기억과 완전히 맞아떨어지는 일은 없다고 지적한다. 우리의 미래는 '열린 가능성'과 함께 설계할 수밖에 없다. 모든 기억은 항상 불확실성을 동반하며, 미래의 사건들을 우리는 정확히 알 수 없다. 우리는 신들에게서 예언 능력을 부여받지 못했기 때문이다. 우리는 심지어 무엇을 원하는지, 무엇을 위해 기도해야 하는지조차 모른다. 따라서 일반화와 추측을 통해서만 미래를 예상할 수밖에 없다.

그것은 창조적인 과정이다. 18세기 이탈리아의 철학자 잠바티스타 비코Giambattista Vico는 기억을 메모리아memoria, 판타시아fantasia, 잉게그노ingegno의 세 가지 형태로 나누었다. 우리의 정신은 이 세 가지 형태를 지니는데, 메모리아는 사물을 기억하고, 판타시아는 그것을 변형하거나 재창조하며, 잉게그노는 그것을 장식하고 적절히 세련된 형태로 만들어낸다.

기억, 독창성, 창의력은 무언가가 부족하면 서로를 보완해 균형을 이룬다.

나는 언제나 아버지가 메모리아, 즉 익숙한 것에 너무 의존한다는 인상을 받았다. 그래서 항상 손을 쓸 수 없을 정도로 늦어질 때까지 기다렸다.

전화벨이 울려도 꼼짝할 생각을 하지 않고 우리를 차례로 바라보며 말했다. "난 기다리는 전화가 없어." 그러고는 식사를 이어갔다.

아버지는 기본적으로 예상치 못한 일을 좋아하지 않았다. 항상 평온하기를 바랐다. 아침에는 사무실로 출근하고, 저녁에는 맥주 한 잔과 함께 겨울에는 거실에서, 여름에는 테라스에서 아내와 함께 앉아 있는 것을 좋아했다. 색다른 것, 새로운 것, 상상할 수 없는 것에 대한 필요성을 느끼지 않았다. 그런 것들을 거부했다.

청소년 시절에 나는 아버지의 삶에서 기대감을 찾을

수 없는 것을 혐오했다. 어렸을 때는 내 방 창밖으로 성당 종탑과 목장의 소들을 바라보면서 한 번도 가보지 못한 곳, 새로운 세계를 향한 갈증을 느꼈다. 나는 우리가 뉴욕이나 최소한 캘리포니아의 어느 도시로 이사 가서, TV 시리즈에서 본 것 같은 고등학교에 다니는 꿈을 꾸었다. 나는 부모님과는 다른 직업을 갖고 싶었다. 새로운 놀이를, 글쓰기를, 소음을 그리고 위험을 꿈꾸었다.

아버지가 꿈을 꾸었는지는 알 수 없다. 만약 꿈을 꿨다면, 아마도 익숙한 것이 허용하는 범위 안에서 모든 일이 진행되기를 바랐을 것이다.

내가 이제는 어떻게 해야 할지 모르겠다고 느꼈을 때, 나는 아버지의 삶에 대해 다시 한번 생각해보았다. 돌이켜보니 아버지는 일상의 틀에서 벗어나는 걸 싫어했지만, 막상 그런 일이 닥치면 놀라울 정도로 능숙하게 대처했다는 사실을 깨달았다. 뉴욕을 꿈꾸진 않았지만, 침착하고 창의적이고 실용적인 방법을 활용할 줄 알았다. 모든 문제의 해결책을 알 수는 없어도 해결책을 찾을 수는 있다는 것을 보여주었다.

당신이 손수 만든 흔들목마를 타던 우리가 성장하자 그 나무판에 썰매 날을 달고 색칠까지 했다. 실종됐던 어머니의 친척 한 분이 프랑크푸르트의 기차역 근처에서 목격됐을 때는 한밤중에 집에서 출발해 수색에 나서기도 했다. 삼촌이 세상을 떠나자 숙모가 짐을 우리 집에 남겨둔 채 떠나버렸을 때는 망설임 없이 모든 물건을 상자에 담아 숙모의 마지막 주소지로 보냈다. 내가 첫 번째 월세 아파트에서 이사 나올 때 벽의 못 자국을 어떻게 메워야 할지 몰라 묻자, "분필로 해봐"라고 말해주었다. 그리고 사무실에서 낮잠이 필요할 때는 바닥에 누울 자리를 마련했다.

할머니, 즉 아버지의 어머니가 돌아가셨다는 전화를 받았을 때는 코트를 입고 마치 법정에 가듯 집을 나선 뒤 모든 행정 절차를 처리했다.

퇴직한 후에는 쓰던 타자기가 고장 나자 세입자에게 보낼 관리비 명세서를 손으로 직접 작성했다(컴퓨터를 다룰 수 없기 때문이기도 했다). 공증인으로 일한 아버지는 문서가 굳이 예뻐 보일 필요는 없다고 했다. 그보다 더 중요한 것은 내용을 쉽게 이해할 수 있도록 작성하는 것이라고 강조했다. 병이 많이 진행되어 한동안 자꾸 눈이 감기는 증상이 생겼을 때는 집 안 곳곳에 메모를 붙여두었다. "눈을 떠!"라고.

아버지 입에서 "어떻게 해야 할지 모르겠어"라는 말이 나온 것은 지금까지 딱 한 번 있었다. 아버지의 아내, 즉 우리 어머니가 돌아가셨다는 전화를 받았을 때였다.

나는 아버지에게서 어떤 문제든 해결할 수 있다는 것을 배웠다. 그게 아무리 새로운 문제이고, 어떻게 해결해야 할지 가르쳐줄 사람이 전혀 없더라도 말이다. 아버지가 그랬던 것처럼 나 또한 그럴 수 있다는 자신감을 얻었다.

나는 아버지가 했을 듯싶은 방식으로 문제에 접근하려 애썼다. 루틴이 없는 곳에 루틴을 만들어야 했다. 나는 전화를 걸고, 브로슈어를 주문하고, 책을 읽고, 여러 사람의 경험을 들어보았다. 집으로 찾아오는 개인 간병인에 관해서도 다양한 정보를 챙겼다. 아버지를 아는 사람들은 한결같이 말했다. 아버지한테는 개인 간병인이 맞지 않을 거라고. 예전부터 집은 '조용한 안식처'이기를 바랐기 때문에 낯선 사람이 집에 들어오면 침입자로 받아들일 거라고 했다. 나는 간병 시설을 방문하고, 의사나 지인들과 이야기를 나눴다.

토마토가 오래도록 초록색을 유지하다가 어느 순간 갑자기 붉게 변하는 것처럼, 막판에 모든 일이 빠르게 진행되었다. 드디어 베를린에 있는 우리 집 근처의 간병 시설이 눈에 띄었다. 병원이 아닌 호텔처럼 보인다는 사실이 내게는 매우 중요했다. 복도가 너무 넓거나 삭막하지 않았다. 카펫이 깔리고 안락의자가 놓여 있어 세련된 느낌이 들었다. 개인 병실이 하나 나오자 담당자가 연락해주었다. 결정을 내릴 때까지 3일 동안 생각할 시간이 있었다.

나는 재정 상태를 점검했다. 그리고 아버지에게 컬러 사진이 담긴 브로슈어를 보여주었다. 식단표도 읽어주었다. '레지던스'의 음식은 그곳 주방에서 직접 조리했다. 동생은 자기 가족과 함께 아버지를 방문하고, 비어 있는 아버지의 집을 틈틈이 살펴보기로 했다.

    아버지는 드디어 동의했다.

    그렇게 아버지는 이곳에 머물게 되었다.

    그리고 기억력이 점점 더 제 기능을 못 하면서, 오히려 창의력이 본격적으로 발휘되었다.

    내가 방에 들어서면 아버지는 이렇게 물었다. "며칠이나 머물 거니? 며칠만이라도 같이 있어주렴."

    아버지는 자신이 어디에 갔었는지는 이해하지만, 지금 어디에 있는지는 알지 못한다. 여기서 모퉁이만 돌면 바로 우리 집이고, 나는 어디 먼 곳으로 가지 않을 것이며, 아버지를 떠나는 일은 절대 없을 것이라고 여러 차례 설명했다. 아버지를 우리 집으로 모시고 와서 함께 커피를 마시고 크리스마스를 같이 보냈다. 내 남자 친구, 동생의 가족과 함께. 내가 가까이에 살고 있는 걸 보면 안정감을 느끼리라고 생각했는데, 그게 오히려 아버지를 불안하게 만들었다.

    아버지는 나에게 잠자리를 내주려 했다. 마치 내가 예전처럼 아버지 집에 머물기를 바라는 듯했다. 그리고 자신의 음식을 나와 나눠 먹고 싶어 했다. 아버지는 방을 둘러보다가 침대를 보고는 확신에 찬 목소리로 말했다. "넌 저 침대에서 자." 그러고는 이내 생각에 잠겼다. "하지만 난 바닥에서 잘 수가 없어. 너무 딱딱해서."

    하루는 환한 표정으로 말했다. "좋은 생각이 있어! 가

위로 모든 것을 반씩 자르자. 침대도, 이불도, 탁자도. 그러면 우리 둘이 여기서 충분히 지낼 수 있을 거야."

그날은 11월 12일이었는데, 전날 저녁 우리는 거리에서 '성 마르틴의 날' 행렬을 구경한 터였다. 가면을 쓴 성 마르틴이 말 위에서 칼로 자신의 망토를 잘라 나눠주는 광경을 목격하고는 그런 생각을 했을 것이다(11월 11일은 성 마르틴의 날로, 말을 타고 행렬을 이끄는 어른들과 등불을 들고 노래하며 따르는 어린이들이 함께 행진을 펼친다. 자기 망토를 잘라서 사람들에게 나눠준 성 마르틴의 자비 정신을 기리는 전통 축제다—옮긴이).

사람들은 인생 후반부에는 상황이 많이 바뀐다고 흔히 말한다. 자녀는 부모가 되고, 부모는 자녀가 된다고. 특히 부모에게 돌봄이 필요할 경우에는 더욱 그러하다고. 아르노 가이거는 이런 얘기가 자신을 화나게 한다고 썼다. 그것이 현실을 미화한다면서 말이다. 아이의 발달은 앞으로 나아가며 성장하는 과정이지만 노화, 특히 치매는 되돌아가는 과정, 점점 줄어들어 결국은 사라지는 과정이기 때문이다.

그렇지만 나에게는 가이거의 주장에 대한 반론이 설득력 있게 다가온다. 아버지는 미래를 자신만의 방식으로 바라보았고, 그러한 사실에 나는 놀랐다. 우리가 밖으로 나가려 하자 아버지는 손을 씻었다. 나는 매일 그랬던 것처럼 세면대와 수건이 있는 곳을 알려주었다. 아버지는 침대에 앉았고, 내가 신발을 신겨주었다. 아버지는 손을 뻗어 신발 신는 일을 거들더니 자신감 있게 말했다. "이걸 한번 배우고 나면 다음에는 훨씬 더 잘할 수 있을 거야."

메모리아, 판타시아, 잉게그노. 이 모든 것이 무용지물이 될 때, 우리는 누군가의 도움에 의존한다.

나는 이런 상황을 너무 쉽게 생각했던 것 같다. 누구의 일을 '떠맡는' 데에는 두 가지 의미가 있다. 그것은 누구를 돕는다는 뜻일 수도 있지만, 그의 일을 빼앗는 것을 뜻할 수도 있다.

나는 아버지의 스웨터를 벗겨주고 케이크도 작게 잘라주어야 하는 것일까? 아니면 힘들더라도 혼자서 해보게 내버려두는 것이 좋을까? 나는 날마다 새롭게 결정해야 한다는 사실을 배웠다. 그건 무슨 과제인지에 따라, 그날그날의 상태에 따라 다르다. 그리고 어떤 날은 조금 낫고 어떤 날은 더 나쁘다.

우리가 책임을 떠맡거나 포기하는 날이 따로 있는 게 아니다. 다만 누가 우리를 필요로 할 때 항상 깨어 있어야 하고, 도움이 필요하다는 사실을 알아차리기 위해 노력해야 할 뿐이다. 그리고 우리한테 그런 준비가 되어 있다는 사실을 누가 알아봐주길 바랄 뿐이다.

4

현실
공유

아버지의 장면 세 가지.

I.

아버지 두 명의 남자가 있다. 뮌헨 출신이다.
그들이 내 전화기를 가져갔다.
훔치려고 했다.

II.

아버지 (불평하는 투로) 오늘은 케이크가 없네.
아들 방금 케이크를 드셨잖아요.
접시도 아직 여기에 있네, 보세요.
아버지 그 케이크 조각은 상으로 받은 거였어!
내가 오늘 운동을 제일 잘했거든.

오후에 먹을 케이크가 없어.

(접시 위의 부스러기를 모은다.)

III.

아버지 (속삭이듯) 사람들이 파산에 관한 이야기를 하고 있어.

아들 파산?

아버지 쉿!

(매우 조심스럽게 방 안을 둘러본다.)

니콜라이 고골 Nikolai Gogol의 소설 《코》에는 신뢰하기 어려운 화자가 등장한다. 어느 날 아침 눈을 떴을 때 자기 코가 사라졌다는 사실을 깨달은 중간급 공무원 코발로프에 관한 이야기다. 절망에 빠진 코발로프는 코를 찾아 다시 자기 얼굴에 붙이려 애쓴다. 경찰서에도 가고, 신문사에도 가고, 의사에게도 도움을 청한다. 그러는 사이 도시에서는 코가 '고위 공무원 신분'의 옷을 입고 거리를 활보하는 모습이 목격된다. 화자는 이 이야기가 "여러 가지 황당무계한 내용을 포함하고 있다"는 점을 인정하고 "때때로 전혀 신빙성이 없다"고 말한다. 그럼에도 "하지만 생각해보면, 이 모든 것에는 어느 정도 진실이 포함되어 있다. 사람들이 뭐라고 말하든 그런 일들은 분명 존재한다. 드물지만 존재한다"고 얘기한다.

실제로 일어난 사건 세 가지.

I.
아버지의 방에 두 명의 방문자가 있다. 내가 알기로 그들은 뮌헨 출신이 아니다. 한 명은 남자이고, 다른 한 명은 짧은 머리의 여성이다. 그들은 레지던스의 돌봄 서비스 직원이다. 아버지가 전화기가 고장 났다고 불평해서 그걸 확인하러 온 것이다.

II.
구내식당에서 운동회가 열렸다. 레지던스에 입소한 지 열흘 만에 그 행사에 참가한 아버지는 빈 깡통 던지기에서 압도적인 승리를 거두며 우승했다. 방에 트로피가 놓였고, 침대 위에는 상장이 걸렸다. 조각 케이크는 상에 포함되지 않았다. 그러나 아버지는 언제나 케이크를 한두 조각 더 요구할 이유를 능숙하게 찾아낸다.

III.
그날 편지가 배달되었고, 급격한 요양비 인상 안내에 대해 레지던스 안에서 불만이 터져나왔다. 매일 아내를 방문하는 한 남자는 복도에서 "이 돈을 어떻게 내란 말이야?"라고 소리쳤다. 실크 스카프를 두른 한 여성 입소자는 접수처에 있는 직원과 협상하려고 했다. "이런 가격 인상에 대한 법적 근거는 무엇이죠?" 그 입소자는 직원에게 물었다.

나는 믿음이 가지 않는 화자들을 좋아한다. 그들의 주장은 이야기의 논리와 어긋나기 때문에 다음과 같은 질문에 답을 제시하지 않는다. 무엇이 진실인가? 무엇이 거짓인가? 어떤 진실이 유효한가? 고골의 소설 《코》에서 화자는 "과연 모순 없는 곳이 있을까?"라고 묻는다.

아버지는 이제 레지던스에서 지낸다. 나에게 가까이 왔지만, 아버지의 세계는 멀리 있다. 나는 매일 또는 이틀에 한 번씩 나의 세계에서 벗어나 아버지의 세계로 들어가려고 노력한다. 아버지의 방으로 찾아가 많은 것을 함께하려고 최대한 애쓴다. 그것은 내가 그의 세계로 들어가 그곳에서 시간을 보내야만 가능하다. 이를 위해 나는 그 세계를 깊이 이해해야 한다.

아버지는 이제 과거에 집중하고 있다. 과거의 조각들을 하나씩 꺼내 관찰한다. 마치 어떤 물건을 쓰레기통, 벼룩시장 혹은 지하실 중 어느 곳으로 보낼지 손에 들고 살펴보는 것처럼. 한 시대씩 순서대로 떠올리며 되새긴다.

어떤 날 동생이 전화를 걸자 지금은 마을위원회 회의에 참석 중이라 통화할 수 없다고 한다. 마을위원회는 지방 자치 기구로, 아버지는 예전에 그곳에서 명예직으로 활동했다.

아버지의 과거 직업이었던 변호사와 공증인으로서 삶

을 회상하는 부분에는 놀라울 정도로 많은 시간을 할애했다. 정작 실제로 현직에 있던 당시에는 당신 직업에 관한 이야기를 별로 하지 않았는데 말이다. 옆방의 한 여성이 요양보호사 부르는 소리를 듣고는 "저기서 소리치는 사람이 혹시 R이니?" 하고 물었다. 또 한 번은 검지를 들어 올리며 의사한테 "한 가지 분명히 할 게 있어요" 하며 "N 씨는 아주 유능한 인재입니다"라고 덧붙였다. R과 N은 아버지의 예전 동료들이다.

또 어떤 날에는 마을 사람들의 장례식이나 결혼식에 참석하기 위해 준비하느라 분주하다. 아버지는 당사자의 이름을 언급하며 어떤 옷을 입고 가야 할지 조언을 구한다. 결혼식보다는 장례식에 더 많이 참석한다. 늦지 않게 가야 한다며 나에게 시간을 확인해달라고 부탁한다.

아버지는 "곧 출발해야 해"라는 말을 자주 한다.

머릿속이 언제나 처리해야 할 일로 가득 차 있는 것 같다. 내가 보기에 아버지는 현실보다 상상 속 세계에서 더 많은 문제를 안고 있는 듯하다.

모두 아버지 같지는 않다. 나는 레지던스의 여성 입주자들과도 알고 지낸다. 입주자는 대부분 여성이다. 레지던스에 남성은 드물다. 여성 중 일부는 아버지와 마찬가지로 다른 세계에서 살고 있지만, 대체로 그 세계에서 평온하고 만족스럽게 지낸다. 병은 그들에게 아주 사소하거나 또는 존재하지 않는 것들에 대해 불합리할 정도의 기쁨을 느끼게 한다. "오늘 〈트라움시프Traumschiff〉('꿈의 크루즈'라는 뜻의 TV 드라마―옮긴이)가 방송되나요? 그걸 봐야겠어요!" 하며 좋아한다. 반면, 아버지에게 병은 사소하거나 또는 존재하지 않는 것들에 대해 불합리한 걱정을 안겨준다. 내가 방으로 들어서면 아버지는 "너 그동안 정말 아무것도 몰랐던 거니?" 하고 물으며 어이없다는 듯이 고개를 흔든다. 아버지의 세계에는 늘 해결해야 할 문제가 쌓여 있다. 그 불안이 안타깝다.

나는 오해를 바로잡고 싶은 충동을 강하게 느낀다. 아버지가 지금 어디에 있는지를, 장례식이 열리지 않는다는 사실을, 집에 도둑이 들지 않았다는 걸, 아버지의 진짜 문제가 무엇인지를 말해주고 싶다. 우리의 진짜 문제가 무엇인지 말해주고 싶다. 현재 우리가 안고 있는 문제들만으로도 이미 충분하기 때문에 상상 속 문제까지 필요하지는 않다고 말하고 싶다. 그러나 아버지에게는 그런 말들이 아무런 소용이 없다.

철학에서 '순수현실주의'는 우리가 세상을 객관적으로 인식한다고 전제한다. 사물은 우리가 보는 모습 그대로이며, 다른 사람들도 우리와 똑같이 그 사물을 바라본다고 믿는다.

나는 아버지 침대에 함께 누워 있다. 아버지는 나와 대각선 위치에서 이상하게 몸을 구부린 채 매트리스 구석에 끼어 있다. 자기 침대에서마저 마치 방향감각을 잃은 듯하다. 나는 그 옆으로 비집고 들어가 눕는다. 우리는 등을 대고 누워 천장을 바라본다.

  아버지가 하는 말은 이제 몇 마디 안 되지만, 그조차도 대체로 들리지 않을 만큼 목소리가 작다. 성대 근육에서 힘이 빠져나간 탓이다. 내가 이해하지 못한 말은 허공에서 사라지고 만다. 아버지는 이제 같은 얘기를 반복해서 말하지 못한다. 머리를 가까이 가져가고 뺨을 맞대야 말을 더 잘 알아들을 수 있다. 비록 아무 의미 없는 것처럼 들리더라도 나는 그 말이 허공에 흩어지게 하고 싶지 않다.

  가끔 아버지는 조심스럽게 내 손을 잡고는 마치 탐색하듯 손가락을 잡아당긴다.

  그리고 "강아지를 쓰다듬는 즐거운 상상을 했어"라고 말한다.

  철학자 프리드리히 슐라이어마허 Friedrich Schleiermacher가 말했듯 한 사람을 이해하기 위해서는, 그를 진정으로 이해하기 위해서는 두 가지 재능이 필요하다. 하나는 '언어에 대한 완벽한 지식'이고, 다른 하나는 '인간에 대한 완전한 지식'이다. 슐라이어마허는 그러나 매우 현실적이다. "이 두 가지 재능이 동시에 존재하는 것은 불가능하기 때문에, 우리는 그 두 가지 능력 사이를 오가야 하며, 그것이 어떻게 이뤄져야 하는지에 대한 규칙은 없다"라고 말한다. 어떤 사람의 말을 이해하지 못할 때는 그 사람에 관한 지식으로 보완해야 하고, 그 사람에 관한 지식이 부족할 경우에는 그의 말로 보완해야 한다는 뜻이다.

  아버지가 현직에 있을 때 사무실에 한 동료가 키우던

강아지가 있었다. 아버지는 그 강아지를 무척 예뻐해 서랍에서 간식을 꺼내 주곤 했다. 그래서 강아지는 늘 아버지 앞에 앉아 쓰다듬어주길 기다렸다.

아버지는 슬픈 표정으로 이렇게 말했다. "그 강아지 주인인 동료한테 전화를 걸었는데, 받지를 않아."

아버지 침대에 함께 누워 나는 예전 일을 떠올렸다. 일곱 살 무렵, 나는 집을 짓고 싶었다. 담장과 유리 그리고 벽돌로 만든 진짜 집을. 우리 집 마당에, 부모님 집과 가까우면서도 독립적인 집을 짓고 싶었다.

"아빠, 집은 어떻게 짓는 거야?"

"돌과 회반죽이 필요해. 그리고 허가도 필요하지. 건축 허가 말이야."

"그건 어떻게 받는 거야?"

"신청서를 제출해야 해. 건축 설계도와 함께."

나는 종이와 연필, 자를 가져와 집을 그렸다. 복도, 주방, 침실 그리고 부모님을 초대할 거실이 있는 이층집이었다. 나는 지하실이 꼭 필요하다고 생각했다. 각각의 방마다 창문을 달고, 벽에는 문도 그렸다. 그런 다음 아버지에게 우체국에 들러 그걸 부쳐달라고 부탁했다. 그리고 회반죽과 돌을 어떻게 구할 수 있을지 고민했다. 이웃집에서 콘크리트 믹서를 본 적이 있는데, 어쩌면 그걸 빌릴 수도 있을 것 같다고 생각했다.

이틀 뒤, 내 앞으로 편지가 도착했다. 편지에는 내 신청서를 검토했다는 내용이 공식적인 어투로 적혀 있었다. 내가 제시한 그 부지에는 이미 부모님의 집이 있으므로 거기에 집을 또 한 채 짓는 건 승인할 수 없다고, 그럴 경우 이웃집과 거리가 너무 가까워 빛을 가리게 될 것이라고 했다. 그리고 마지막으로 "너무 실망하지 않기를 바랍니다. 당신의 설계도는 동봉합니다"라고 쓰여 있었다.

몇 년 후, 나는 우리 집 타자기 밑에서 이미 사용된 적이 있는 카본지를 발견했다. 그것을 빛에 비추어 보니, 내게 온 그 관청의 편지 흔적이 희미하게 보였다. 아버지는 내 설계도를 해당 관청에 보내지 않고, 당신이 내 신청서에 직접 답변했던 것이다. 내가 우리 집 타자기로 작성한 사실을 알아차리지 못하게 카본지를 사용해서 말이다. 그 글씨는 1980년대의 관청 서류가 흔히 그랬던 것처럼 번져 있었다.

아버지는 그렇게 나를 만나기 위해 나의 세계로 들어왔다. 그때 나는 어린아이였고 아버지는 변호사였지만, 우리의 두 세계 사이를 연결해주는 길을 찾았던 것이다. 신청서와 답장이라는 세계를 통해 나에게로 이어지는 문을 살짝 열어주었다. 나를 진심으로 대하기 위해 거짓말을 했다.

지금은 나 역시 아버지의 세계로 들어가기 위해 내가 알고 있는 것들을 이용해 연결 고리를 찾아야 한다. 아버지는 우리 모두가 겪는 일을 단지 극단적인 방식으로 경험할 뿐이다. 그것은 일종의 공감대를 만들어주고, 좀 더 잘 이해할 수 있게 도움을 준다. 아울러 이 책에 담긴 생각들에 영감을 준다.

그렇지만 그것은 함정이다. 아버지는 병에 걸렸다. 아버지는 우리 모두가 겪는 일을 단지 극단적으로 경험하고 있는 것이 아니다. 나는 아버지의 세계를 전혀 모른다.

정신분석학자 멜라니 클라인Melanie Klein은 우리가 평생 동안 우리를 완전히 알고, 이해하고, 동행해줄 사람을 찾지만 그 욕구는 결코 충족될 수 없다고 말한다. 그런 사람은 존재하지 않는다. 우리가 상상하는 것을 대신 해줄 사람은 없으며, 우리가 필요로 하는 바를 다른 사람이 완전히 이해할 수도 없다.

고골의 이야기는 우리가 저마다 자신의 세계에서 겪는 고독감을 보여주는 듯하다. 나는 코발로프가 자기 코를 되찾기 위해 도움을 구하는 장면들에서 불편함을 느낀다. 코발로프는 경찰서장을 찾아가지만, 그는 자리에 없다. 신문사에 가서 실종 광고를 내려 했지만 사람들은 코가 없는 그에게 '침울한 기분' 전환용으로 코담배를 권한다. 경찰서장은 낮잠을 자고 있다는 이유로 그를 돌려보내며, "제대로 된 사람이라면 코를 잃지 않는다"고 비아냥거린다. 마침내 코가 나타난다. 하지만 코가 얼굴에 붙지 않는다. 의사는 코발로프에게 코를 보드카와 식초에 담가 희귀품으로 팔 것을, 또한 '찬물로 자주 세수할 것'

을 조언한다. 그러면 괜찮아질 거라고 말한다.

고골은 우리 모두가 자신의 불확실한 이야기 속에 혼자 있다고 얘기하는 듯하다. 그것도 잔인할 정도로 외롭게 말이다. 사람들은 공손하고 언제든 도움을 줄 준비가 되어 있지만, 자신의 시스템 안에서만 그럴 뿐이다. 실질적인 도움을 주지 못하는 것은 그들의 잘못이 아니다. 그들은 우리를 이해하지 못한다. 왜냐하면 그들은 아직 자신의 코를 가지고 있기 때문이다. 그들에게는 코가 아닌 다른 무엇이 사라졌고, 우리도 그들을 이해하지 못한다.

러시아 문학의 대가들을 연구한 작가 조지 손더스 George Saunders는 코발로프가 도움을 요청하는 사람들이 그의 악몽을 "언젠가 우리 모두가 겪게 될, (불가피하게 다가오는) 앞으로 닥칠 악몽으로 이해하지 못한다"고 말한다. 그들은 코를 찾아다니는 남자를 보며 생각한다. "이성이 지배하는 상태는 매 순간, 심지어 가장 정상적으로 보이는 순간에도 흔들릴 수 있다. (…) (담배를 피우거나 코를 갖는 것처럼) 원하는 모든 걸 얻는 시간은 매우 짧으며, 그 순간은 언제든 끝날 수 있다."

"넌 내가 그냥 휘파람만 불면 모든 문이 다 열릴 거라고 생각하지?" 아버지는 침대에 앉아서 내가 자물쇠로 잠가둔 옷장을 바라보며 말했다. 나는 아버지가 밤마다 옷들을 전부 꺼내 '정리'하는 것을 막기 위해 옷장을 잠가놓은 터였다.

코르넬리아 바스트Cornelia Bast라는 예술가의 작품 중 하나인 〈포쿵 비르쿠스Fokung Wirkus〉에 대해 읽은 적이 있다. 이 작품은 다양한 방향으로 배치된 광학 렌즈가 달린 스쿠버다이빙 헬멧 같은 모습이다. 이 헬멧을 쓰면 세상이 단편적으로, 조각으로, 거꾸로 또는 좌우가 바뀐 상태 등 다양하게 보인다. 바스트는 치매를 앓는 사람들이 이와 비슷하게 세상을 바라볼 것이라고 했다. 방향감각을 잃고 불안감을 지닌 채 말이다. 자신의 감각을 믿을 수 없고 도움이 필요하고 수치심을 느낄 때, 그들은 과연 어떤 기분이 들까.

그렇지만 이는 작가의 추측일 뿐이다. 바스트도 확실히 알 수는 없다.

운이 좋을 때가 있다. 가끔, 우연히, 우리의 세계가 잠시 교차할 때가 있다.

나는 남자 친구와 함께 아버지의 병실로 들어갔다. 침대에 앉은 아버지는 셔츠에 트레이닝 바지 그리고 끈이 잘 묶인 외출용 신발을 신고 있다. 아버지가 바닥을 응시하며 말한다. "나는 죽어야 해."

나는 침대 옆에 앉는다. 그리고 아버지 등에 손을 얹고 묻는다. "무슨 일이에요?"

아버지 옷에 묻어 있는 얼룩을 바라본다.

"이건 해결할 수 없는 일이야."

생긴 지 얼마 안 된 갈색 얼룩이다.

"뭐가 해결할 수 없는 일인데요?"

얼룩은 침대 시트에도 묻어 있다.

"소송 말이야. 상대방이 어떤 주장을 했는데, 법원이 그걸 믿어. 그래서 심리 일정이 취소됐거든. 이제 어떻게 해야 하지?"

"그래서 죽고 싶다는 거예요?" 나는 안도하며 묻는다.

"그래. 우린 막다른 길에 갇힌 거야."

나는 아버지의 옷 냄새를 맡으며 혼잣말처럼 중얼거린다. "음식물 얼룩이네."

"음식?" 하고 아버지가 소리친다. 왠지 마음이 놓인 듯한 표정이다. "맞아! 그게 해결책이야. 모든 게 음식 때문에 일어난 거라면, 법원이 관여할 일은 아니지." 그러고는 우리를 바라보며 환하게 웃는다. "정말 고마워! 어쩌면 문제를 해결할 수 있을 것 같아."

나는 물수건을 가져와 셔츠와 바지에 묻은 소스 얼룩을 닦아낸다. "케이크를 가져왔어요. 오늘은 아버지의 날(독일에서는 어버이날 대신 어머니의 날Muttertag과 아버지의 날Vatertag을 따로 기념한다—옮긴이)이잖아요."

그 장면은 이렇게 끝나고, 우리의 세계는 다시금 분리된다.

어느 날, 우리는 길에서 우연히 강아지를 마주쳤다. 예전 아버지 사무실에 있던 강아지와 같은 종류의 닥스훈트였다. 강아지는 젊은 부부와 함께 있었다. 아버지가 강아지한테 관심을 보였다. 그걸 눈치챈 여자가 강아지를 들어 아버지 얼굴 앞으로 내밀었다. 강아지는 아버지 뺨에 코를 대고 문질렀다. 아버지가 눈을 크게 뜨고 강아지를 들여다보았다. 아버지와 강아지는 눈을 마주친 채 서로를 바라보았다. 마치 모든 게 멈춘 듯했다. 여자는 자신이 아버지에게 큰 기쁨을 줬다는 걸 눈치챘는지 돌아서서 눈물을 글썽였다.

 운이 좋은 순간이다.

 그러나 운이 따라주지 않는 순간들은 더 많은 노력을 필요로 하고 분노를 일으킨다.
 레지던스 앞 광장, 금색 차양 주변 햇빛 아래에서 축제가 열리고 있다. 냅킨에 담아 건네주는 핫도그 옆구리에서 붉은 소스가 흘러나오고, 한 남자는 아코디언으로 음악을 연주한다. 멀리서부터 알록달록한 풍경이 보인다. 나는 자전거를 세우면서 떠들썩한 소리를 듣는다. 20명 정도가 원을 그리며 앉아 있다. 대부분 여성이다. 아버지가 그곳에 없다는 걸 한눈에 알아챈다. 나는 자동문을 지나가며 코로나19 검사 결과지를 들어 보여준 다음, 차단기를 비집고 통과한 뒤 계단을 올라간다. 2층에서 아버지의 방문을 두드리고 열었다.
 아버지는 침대에 태아 자세로 누워 있다. 눈을 감은 채 얼굴은 벽 쪽을 향하고 있다. 나는 아버지 옆에 앉아 바닥을 내려다보며 아무 말도 하지 않는다.

그들은 아버지를 데리고 가지 않았다. 이런 일이 처음은 아니다.

아버지를 방 안의 고립 상태에서 벗어나게 하는 것은 쉽지 않다. 침대에서 벗어나게 하는 것, 어떤 옷을 입어야 할지 알려주는 것, 길을 안내하는 것, 멈춰 서면 다시 발걸음을 옮기게 하는 것 그리고 목적지에 도착해 의자에 앉히는 것 등 전부 쉽지 않은 일이다. 레지던스의 요양보호사에게는 정신 맑은 입주민들을 상대하는 편이 훨씬 수월할 것이다. 그들은 스스로 시간을 확인하고, 재촉하지 않아도 축제 장소에 나타난다. 음악에 맞춰 팔을 흔들고, 손을 잡아주면 춤도 춘다. 휠체어에 앉아 있는 사람을 상대하는 일도 수월할 것이다. 그들은 휠체어를 장난감 기차처럼 마음대로 움직여도 가만히 앉아 있으며, 자리에서 일어나지도 않고 문제를 일으키지도 않는다.

하지만 아버지는 그렇지 않다. 걸어 다닐 수 있고, 다가가기 쉽지 않고, 얌전하지 않다. 치매를 앓는 사람이다.

나는 한참 동안 가만히 침대에 앉아 있었다. 내 등과 아버지의 등을 맞댄 채. 숨소리를 통해 아버지가 눈을 떴다 감기를 반복하고 있다는 걸 느낀다. 마치 찾는 무언가가 없다는 걸 확인하려는 듯한 모습이다. 나는 앞니를 꽉 문다. 내가 슬퍼한다는 사실을 아버지가 느끼지 않기를 바란다. 살짝 열려 있는 창문을 통해 아코디언 연주 소리가 들린다. 커튼은 반쯤 닫혀 있다.

어느 순간, 나는 돌아서서 아버지를 바라본다.

"축제에 가고 싶어요?" 아버지에게 묻는다.

아버지는 눈을 뜨고 아무 말도 하지 않는다.

"날씨가 정말 좋아요. 한번 가볼까?"

아버지는 천천히 몸을 일으킨다. 내가 내민 손을 잡고 힘겹게 일어선다. 아버지에게 새 바지를 입혀준다. 마치 춤이라도 추려는 것처럼 서로 마주 보고 서서, 오른손으로 아버지의 왼손을 잡고 왼손으로는 오른손을 잡는다. 나는 뒷걸음질로 아버지를 이끌며 엘리베이터로 향한다. 자동문이 벽 틈으로 밀려 들어간다. 나는 아버지와 함께 밖으로 나간다. 아버지 담당 요양사와 마주친다. 나는 그 요양사에게 소리를 지르며 화를 낸다.

나는 계속해서 화를 낸다. 모두 나를 쳐다본다. 음악은 여전히 흐르고, 아버지는 내내 내 손을 잡고 있다. 화를 다 쏟아내고 나서 아버지와 함께 두 계단을 내려가 의자에 앉힌다. 누가 아버지에게 핫도그를 건넨다. 아버지는 음악에 맞춰 고개를 흔든다. 입술을 움직이며 미소 짓는다.

맞은편에는 항상 모든 행사에 참석하는 여성 입주민 한 명이 앉아 있다. 사진작가가 그 주위를 돌며 사진을 찍는다. 그 여성의 가족은 홍보 목적으로 사진 사용하는 걸 허락한 듯했다. 그 사진들은 오후에 레지던스의 웹사이트에 올라갈 것이다.

그날 저녁, 나는 운동을 하러 간다. 몇 년째 호신술을 배우고 있다. 장소는 레지던스에서 그리 멀지 않은 공원이다. 날이 어두워지고 있다. 우리는 나무판 격파 훈련을 한다. 트레이너가 나무판을 가슴 앞으로 들고 섰다. 나는 그 앞에서 왼쪽 다리를 앞으로 쭉 뻗고, 손은 턱 앞으로 모은다. 중요한 것은 나무판을 완전히 뚫는 것이라고 트레이너가 말한다. 멈추지 말아야 한다. 그러지 않으면 힘이 부족해 나무를 가르지 못하고 손목이 부러질 수 있다.

트레이너가 나를 바라본다. 나는 근육이 없고, 팔도 가늘다. 아무도 내게 힘이 있을 것이라거나 폭력을 행사할 것이라고 생각하지 않는다. 나는 어머니에게 그렇게 배웠다. 누가 한쪽 뺨을 때린다면 다른 쪽 뺨도 내밀라고. 나는 왼손으로 방향을 유도하며 움직이다가 오른손으로 나무판을 친다. 나무는 두 조각으로 나뉘고, 그중 하나가 트레이너의 얼굴을 향해 날아간다. 그가 턱을 어루만진다. 트레이너는 돌아서서 잔디밭에 떨어진 조각들을 줍고 나서 내 눈을 바라보며 말한다. "망설이지 않고 아주 잘했어요."

아버지도 사람들과 함께 있어야 하고, 소속감을 느껴야 한다. 이를 위해 나는 싸운다. 다른 사람들이 너무 빨리 포기하는 걸 보면 화가 난다. 아버지의 능력이 점점 사라져 소외되고, 세상에서 점점 멀어지는 것 같아 마음이 아프다.

아무도 자기 방에 홀로 남아 있는 걸 좋아하지 않는다. 그런 사실을 알기 위해 과학적인 근거가 필요한 것은 아니다. 하지만 그런 근거가 존재한다. 심리학자 토리 히긴스Tory Higgins와 게랄트 에히터호프Gerald Echterhoff는 '공유 현실'이라는 사회심리학적 개념을 오랫동안 연구해왔다. 이 개념은 우리의 심적 안정을 위해 중요하다. 두 심리학자는 "사람들은 다른 사람과 현실을 공유하고자 하는 기본적 욕구를 지니고 있다"고 말한다. 공유 현실은 우리가 내면의 상태, 신념, 감정, 관점, 목표, 걱정, 개인적 규범 등을 다른 사람과 교류할 수 있어야 가능하다. 그래야만 유대감과 소속감을 느끼고 자신감을 얻는다. 우리는 현실을 공유하기 위해, 우리가 좋아하고 우리를 좋아해주길 바라는 사람들에게 의견과 인식을 맞추는 경향이 있다. 공유 현실을 형성하지 못하면 불안, 불편함, 불확실함이 우리를 엄습한다.

이튿날, 나는 아버지의 침대 옆 탁자에서 그림 하나를 발견했다. 크레용으로 그린 빨간 튤립 한 다발이었다.

"오늘 그 여자분이 나에게 그림을 그릴 건지 묻더라." 아버지가 말했다. "다른 사람들과 함께 그리는 거래. 나는 신이 나서 좋다고 대답했어."

5

가끔은
평화롭게

가끔은
평화롭게

　베를린에 도착한 뒤, 아버지가 지낼 방을 보여주었다. 아버지는 방을 한번 둘러보더니 입을 내 귀에 가까이 대고 "좋구나" 하고 속삭였다. 그러고는 "고맙다"고 했다. 아마도 작고 삭막한 광경을 예상했던 것 같다. 더 작고 더 삭막한 모습을.
　아버지가 집을 떠나기로 결심하고 자동차에 오르자 "다른 방법이 없잖아요"라고 이웃이 말했다.
　나는 아직도 한밤중에 깨어나 다른 방법은 없었는지 생각해본다. 물론 다른 방법도 있다.
　우리 가족의 예전 집 2층, 내가 어릴 때 쓰던 방에는 아직 소파 침대가 남아 있다. 내가 열여덟 번째 생일을 맞이하기 전, 그 소파를 구입하는 문제로 다툼이 있었다. 어머니는 그 소파가 내 허리를 망칠까 걱정해서 반대했다. 그러나 어릴 때부터 쓰던 방을 나는 청소년 시절에도 여전히 사용했다. 나와 함께 내 방도 성숙해지고 있었다. 나는 낮 동안에는 소파를 사용하고 싶었다. 그래서 항의의 표시로 침대를 해체하고 바닥에서 잠을 잤다. 아버지는 내 소원을 들어주었다. 나와 함께 가구점에 가서 소파를 샀다. 그걸 자동차 지붕에 싣고 바람에 흔들리며 고속도로를 달려 집으로 돌아왔다. 이윽고 마당에 도착하자 아버지가 두 손을 머리 위로 올리며 말했다. "무사히 도착해서 정말 다행이야!"

아들은 아버지에게 돌아와 생의 마지막 순간을 동행한다. 어릴 때 아버지가 마련해준 잠자리로 다시 돌아오는 것이다. 이것은 동화처럼 아름다운 이야기다. 나도 이 이야기를 믿고 싶다.

한동안이라도 아버지 집으로 돌아가 함께 살 수는 없었던 걸까? 그렇게라도 아버지가 집에서 계속 지내게 할 수는 없었을까? 우리는 도대체 아버지에게 무슨 짓을 한 걸까?

하지만 현실 속 아버지와 아들의 이야기는 다르게 흘러갔다. 오랫동안 아들은 생활의 많은 부분을 조율하며 살아왔는데, 이는 직업이 글 쓰는 일이기에 가능했다. 그러나 이제 한계에 부딪혔다. 아버지가 아직 집에서 지낼 때 아들은 아버지를 방문하면 밤에 귀를 열고 자야만 했다. 아버지가 깨어 있는지, 집 안을 헤매고 있지는 않은

지 귀를 기울여야만 했다. 아버지가 계단에서 굴러떨어져 다치기 전에 그 소리를 들을 수 있어야 했다. 어느 날, 아들은 아버지를 집 앞에서 발견했다. 아버지의 눈은 어둠을 비추는 탐조등처럼 빛나고 있었다. "네가 와서 다행이야." 아버지가 말했다. 아들은 아버지를 침대로 안내했고, 놀란 마음에 심장이 빠르게 뛰었다. 한편 낮에는 길게 산책을 함께 했다. 산책하는 동안 아들은 놀라울 정도의 인내심을 발휘해 아버지를 부축했다. 아버지가 좋아하던 카페에 함께 들르기도 했다. 그건 참 좋았다.

그러던 어느 순간 아버지가 양말을 제대로 신게끔 돕고, 접시 위에 놓인 음식의 위치를 찾아주고, 문을 열고 닫는 것까지 도와주어야 했다. 치매가 꽤 진행된 사람은 이제 막 걸음을 뗀 아기와 같다. 눈을 떼는 순간 무슨 일이 일어날지 알 수 없다. 이제 일을 할 시간, 즉 글을 쓸 수 있는 시간이 거의 없다.

아들에게는 귀향을 주저하게 하는 또 다른 이유가 있었다. 그것은 마치 바위처럼 확고하게 자리 잡고 있는 장애물이었다. 아버지를 돕기 위해 아들은 또다시 아버지처럼 살아야만 할 것이다. 즉 아버지처럼 은둔자가 되어야 한다. 대가족의 소란 속에서 자란 어머니는 자주 불평하곤 했다. 외아들인 아버지가 사교에 전혀 관심이 없는 것 같았기 때문이다. 마을 사람들은 그런 아버지를 잘 알고 또한 존중했다.

아버지는 여러 단체에서 활동했는데, 대부분 '위원회'

같은 곳에 속해 있었다. 교구평의회, 지역자문위원회, 운영위원회 등 의무감이 사교 욕구를 훨씬 압도하는 단체 같은 곳 말이다. 아버지는 '약간의 운동'을 하고 '그다음에 맥주 한잔'을 마시기 위해 마을 회관에서 하는 남자 체조 모임에 참석했다. 아버지는 독일-프랑스 우호협회 창립에도 참여했는데, 이는 공증인이라는 직책 때문이었다. 거리에서 아는 사람이 다가오면 종종 큰 소리로 "난 지금 아무하고도 대화하고 싶지 않아"라고 말하곤 했다. 미용사는 "그분은 너무 무서워 보여요. 그래서 말을 걸 수가 없어요"라고 말했다. 그 이야기를 전해 들은 아버지는 다른 미용사를 찾아갔다.

남편을 잃고 혼자가 된 어느 이웃이 "아무것도 거절하지 마세요"라고 어머니 장례식에서 아버지에게 조언했다. 한동안 이웃과 친구와 친척들이 아버지에게 연락해 함께 무얼 하자고 제안했다. 아버지가 내성적인 성격임에도 그들은 아버지를 좋아했다. 왜냐하면 아버지는 어느 누구에게도 악의를 품지 못하는 사람이기 때문이다. 내가 지금까지도 아버지를 존경하는 점이다. 누구한테 좋지 않은 일이 생기면 진심으로 공감하고 도와주고 싶어 했다.

그러나 아버지는 사람들의 제안을 거절했다.

그리고 어느 순간부터는 아무도 아버지에게 더 이상 전화를 걸지 않았고, 아무도 더 이상 편지를 쓰지 않았다. 아버지에게는 이제 두 아들만 남았다. 두 아들은 매일 아버지에게 전화를 걸었다. 반면 아버지는 비상 상황에만 아들들에게 전화를 했다. 예를 들어 축구 경기가 이미 시작되었는데 리모컨 버튼을 잘못 눌렀거나 무언가를 찾지 못할 때.

아들은 어릴 때 아버지를 닮았었다. 유치원에서는 혼자 메모리 게임을 하곤 했다. 낮은 의자에 앉아 카드를 번갈아가며 뒤집었다. 친구들이 함께 놀고 싶어 했지만, 그 아이는 항상 "시간이 없다"고 말했다. 친구 부모님들이 아들의 부모님에게 그런 점이 아쉽다고 토로했다. 점심시간이면 다른 남자아이들은 언제나 장난감 트럭으로 몰려갔다. 그래서 늘 트럭이 부족했다. 그러나 아들은 잔디밭을 걸으며 혼자 노래를 흥얼거렸다. 2학년 성적표에 선생님은 "내성적인 성격이지만 친구들과 잘 어울립니다"라고 적었는데, 그 말이 무슨 뜻인지 나는 알 수 없었다.

미용실에서도 아들은 종종 '대화 없이 그냥 머리만 잘라줬으면 좋겠다'고 생각하곤 했다. 추가 요금을 지불해야 한다고 해도 기꺼이 그렇게 했을 것이다.

대도시로 이사한 뒤에 아들은 외톨이 삶을 포기했다. 하지만 그것은 자발적인 선택이 아니었다. 도시에서 주말을 두 번 보내고 나서 깨달았다. 시골에서는 굳이 약속하지 않아도 우연히 아는 사람을 마주치는 좁은 인간관계망 덕분에 외로움을 느끼지 않았지만, 도시에서는 쉽게 고립될 수밖에 없다는 사실을. 20년 동안 아버지를 닮은 모습으로 살았던 아들은 이제 갑작스레 어머니의 성향을 받아들였다. 아들은 사람들에게 전화를 걸고, 약속 잡는 법을 배웠다. 뒤늦게야 그런 것들을 배웠다.

지금 아들은 다양한 대인관계를 형성하며 생활하고 있다. 그러지 않았다면 베를린에서의 삶, 남자 친구와 친구들, 이 모든 걸 끝을 알 수 없는 시점까지 포기해야 했을 것이다. 아들은 이제 다시 예전으로 돌아갈 수 없다.

이것이 나의 이야기다.

이것이 나의 기억이다.

심리학자이자 법정 전문가 엘리자베스 로프터스Elizabeth Loftus는 자신의 동료 재클린 피크렐Jacqueline Pickrell과 함께 쓴 유명한 논문 〈거짓 기억의 형성〉에서, 사람은 자기가 경험하지 않은 일들을 기억할 수 있다는 사실을 증명했다. 두 사람은 청년들에게 어린 시절 그들이 쇼핑몰에서 길을 잃었던 경험이 있다고 말하며, 그 기억을 떠올려보라고 요청했다. 길을 잃은 사건은 두 사람이 지어낸 이야기였다. 그런데 일부는 실제로 일어나지 않은 그 사건을 점점 더 생생하게 묘사하기 시작했다. 자기가 어떤 상점에서 길을 잃었는지, 어떻게 울었는지, 머릿속으로 어떤 생각을 했는지, 자기를 데려다준 사람의 옷차림까지 묘사했다. 시간이 지날수록 그들의 기억은 더욱 또렷해졌다("그 여자는 나이가 많았고, 체격이 다소 통통했으며, 형은 그 여자를 '친절하다'고 표현했다"). 또 다른 실험에서는 학생들이 귀 감염으로 병원에 입원했거나 결혼식에서 신부 어머니의 드레스에 펀치볼을 엎질렀던 일을 기억해냈다. 그러나

이 모든 기억은 사실이 아니었다.

로프터스에 따르면, 거짓 기억은 "실제로 경험했거나 상상한 사건의 작은 단편들이 직접적인 경험 너머에 있는 추론이나 다른 해석들과 결합해 만들어진다". 누가 의도적으로 우리를 속이지 않더라도, "새로운 정보는 트로이 목마처럼 우리도 모르는 사이에 내면으로 스며든다". 꿈, 이미지, 읽거나 듣거나 생각한 단어, 감정 등 모든 것이 기억 속으로 상상력이 스며들 수 있게 길을 열어준다. 이러한 이유로, 법정 증언은 가장 불확실한 증거로 간주된다. '청각 증인'도 그런 사례 중 하나다. "뒤에서 쾅 하는 소리를 들었다. 그래서 돌아보니 빨간색 차와 초록색 차가 충돌해 있었다"('청각 증인'은 시각적 증거 없이 단지 소리만으로 사건의 특정 사실을 추론하는 증인을 말한다―옮긴이).

오늘날의 심리학은 우리가 어떤 사건을 기억할 때마다 그것을 새롭게 경험한다고 여긴다. 그리고 그것은 매번 조금씩 달라진다. 나중에 적절해 보이는 세부 사항이 추가되고, 그렇지 않은 것은 삭제되며, 새로운 지식이나 해석이 색깔의 온도와 빛의 각도를 변화시킨다. 새로운 기억이 기존의 기억을 덮어쓴다. 끊임없이 수정되고 저장되는 파일처럼, 시간이 지나면서 처음과는 많이 다른 버전으로 발전한다. 모든 기억은 이렇게 수정과 덮어쓰기로 이루어진다. 기억에는 수정이 불가능한 읽기 전용 파일도, 실행 취소도 없다.

"내 곁에 있어줘." 아버지가 동생과 나에게 말한다. 하루 종일 함께 시간을 보낸 후 잠자리에 들려고 인사를 할 때였다. 토요일 저녁, 동생이 베를린을 방문한 날이다.

"나도 너희를 위해 곁에 있어줬잖아."

아버지가 베를린으로 온 첫 몇 주 동안, 나는 매일 레지던스를 방문했다. 3시간, 4시간, 5시간을 아버지와 함께 있었다. 마치 함께 사는 것처럼 시간을 보냈다. 산책을 하고, 케이크를 먹고, 사진을 보고, 이야기를 나누고, 라디오를 듣고, TV를 보고, 신문을 읽고, 동생과 삼촌 그리고 이모에게 전화를 걸었다.

몇 시간 뒤 작별을 고할 때 아버지는 "나를 혼자 두고 가는 거야? 그건 옳지 않아"라고 말했다. 내가 하루라도 오지 않는 날이면, "나를 버리지 않겠다고 약속했잖아"라고 했다.

하루는 아버지와 산책을 마치고 돌아왔을 때 접수처 직원이 말했다. "방금 당신 이야기를 했어요." 그 직원은 창문을 통해 산책이 쉽지 않다는 사실을, 아버지가 얼마나 자주 걸음을 멈추는지를 그리고 얼마나 자주 반대 방향으로 걸어가는지를 보았을 것이다. "분명 행복한 어린 시절을 보냈기 때문에 아버지를 저렇게 챙기는 거라고 말이예요."

나는 대답했다. "네, 그 반대였으면 차라리 좋았을 것 같아요."

작가 시리 허스트베트Siri Hustvedt는 '가족과 함께한 어린 시절'에 대해 다음과 같이 말한다. "어린 시절에 경험한 상처와 행복한 감정은 우리의 뇌와 몸에 새겨져 있어, 이후 우리가 접하는 다양한 사람·사물·사건을 인식하고 반응하는 방식에 결정적인 영향을 준다."

가끔 나는 내 기억이 덜 행복했으면 좋겠다고 생각한다. "그는 나쁜 아버지였어. 언제나 부재중이었고, 나를 신경 쓰지도 않았어. 그 결과가 어떤 모습인지 한번 보라고." 이렇게 말할 수 있으면 좋겠다.

그러나 현실은 달랐다. 기억 속에 많은 것이 떠오른다.

아버지가 우리를 위해 만들어준 장난감은 하나같이 예술 작품이었다. 목마, 모래밭, 마당에 있던 그네, (우리가 '작은 집'이라고 부르던) 창문과 문까지 달린 장난감 나무집 그리고 (아버지 사무실에 있는 실제 녹음기를 워낙 좋아하는 나를 위해 만들어준) 장난감 녹음기까지.

나를 위해 만들어준 새장. 나는 거기에 왕관앵무새를 넣어 길렀다. 앵무새는 회색 솜털을 가진 새끼 열한 마리를 낳았고, 아버지는 그 새끼들에게 먹이를 챙겨주었다.

우리 중에 누가 아프면 고통으로 일그러지던 아버지의 얼굴.

가족 중 누가 어려운 결정을 내려야 할 때면 아버지는 깊은 밤까지 상의해줬다.

내가 국가고시 때문에 힘들어할 때는 "지금 당장 기차를 타고 가서 네가 원할 때까지 계속 같이 있어줄게"라고 말했다.

그리고 내가 가족에게 며느리가 아닌 사위를 데려오겠다고 알리던 날, 마을 사람들이 어떻게 생각할지 걱정하던 어머니와 달리 직장에서 돌아온 아버지는 이렇게 말했다. "누가 그것을 문제 삼는다면, 그게 왜 문제인지 설명해야 할 거야. 우리가 변명해야 할 이유는 없어." 그때 나는 스물한 살이었다.

그 후 아버지는 내 남자 친구를 자연스럽게 가족으로 받아들였다. 비록 마을에서는 전혀 자연스럽지 않은 일이었는데도 말이다.

나만 이런 좋은 기억이 있는 것은 아니다. 내 남자 친구도 아버지한테 가는 걸 좋아한다.

행복했던 기억의 리스트를 살펴보니, 그 안에 진실만 담겨 있지는 않다는 생각이 든다. 물론 나는 부모님과 행복한 시간을 보냈다. 그러나 모든 게 다 좋기만 하지는 않았을 것이다. 왜 행복했던 부분에만 조명이 비치고 다른 부분은 어둠 속에 남는 걸까? 내 안의 어떤 것이 기억을 그렇게 처리한 듯하다. 내 안의 어떤 것이란 도대체 무엇일까? 그리고 그것은 어떤 전략으로 내 기억을 수정했을까?

20세기 초에 심리학자 프레더릭 바틀릿 Frederic Bartlett이 이러한 질문을 다루었다. 그는 케임브리지대학교의 첫 번째 실험심리학자로, 기억이 정보를 그대로 저장해두었다가 아무런 변화 없이 다시 꺼내는 아카이브 같다고 생각하는 것은 잘못이라고 판단했다. 그는 획기적인 저서 《기억하기》에서 현재가 우리의 인식과 기억에 어떻게 영향을 미치는지 탐구했다. 그는 '의미 부여 노력 effort after meaning'이라는 가설을 개발했는데, 이는 우리 머릿속에서 일어나는 모든 것은 의미를 추구하기 위해 노력한다는 뜻이다.

우리는 기억하고 있는 것을 현재 알고 있는 것과 의미 있게 융화시키려 한다. 알프레트 쉬츠는 그런 생각을 다음과 같이 설명했다. "우리는 극장 관객처럼 지금까지 경험한 것들에 의미를 부여하기 위해 최선을 다한다." 우리는 과거, 현재, 미래가 모두 잘 어우러지게 끊임없이 노력한다. 우리의 기억은 자아상, 결정, 행동 그리고 계획과 조화를 이뤄야 한다. 지그문트 프로이트 Sigmund Freund가 말한 것처럼 '견디기 힘든 생각'은 거부한다.

우리의 행위가 이전 경험이나 관점과 일치하지 않으

면 우리는 고통스러워한다. 심리학에서는 이러한 고통을 '인지 부조화cognitive dissonance'라고 일컫는다. 그 고통이 너무나 크기 때문에 일치하지 않을 경우 과거를 조정하기 위해 극단적인 수단을 사용하기도 한다. 사회심리학자 앤서니 그린월드Anthony Greenwald는 자신의 논문 〈전체주의적 자아〉에서, 우리의 기억 작동 방식을 조지 오웰의 《1984》에 나오는 감시 국가와 비교한다. 우리가 현재를 정당화하기 위해 과거를 위조한다는 것이다. 기억의 전체주의적 시스템이 우리의 인생 이야기를 우리가 받아들일 수 있도록, 너무 고통스럽지 않도록 수정할 수 있게 해준다는 것이다.

이 과정에서 현실과 수정 사이에는 언제나 갈등이 존재한다. 심리학자 존 코트르John Kotre는 이를 '기록 보관자Archivar'와 '신화 제작자Mythmaker' 간의 경쟁이라고 표현한다. 또는 '청렴한 역사 기록자'와 '근본적으로 배려심 깊은 자아' 간의 경쟁이라고도 할 수 있다.

이런 경쟁은 내 안에서도 가끔 나타난다.
"잘 지내시죠?" 하고 요양보호사가 아버지의 귀에 대고 소리친다. 그의 보호 마스크가 아버지 얼굴에 거의 닿을 정도다. 아버지는 놀라 움찔하더니, 고개를 급히 돌리고는 눈을 태양처럼 크게 뜬다. 그런 모습이 안타깝다. "소리는 아주 잘 들으세요." 나는 요양보호사에게 알려준다. 그는 나를 믿지 못하는 눈치다. 아버지가 말을 시켜도 거의 반응을 보이지 않기 때문에 당연히 잘 듣지 못한다고 여기는 모양이다.

이런 상황에서 갑자기, 마치 한밤중에 잘못 설정한 알람시계가 울릴 때처럼, 나는 내가 항상 거슬린다고 여겼던 아버지의 성향을 떠올린다.

어린 시절 나는 이렇게 불평하곤 했다. "아빠는 지금 내 말을 하나도 안 듣고 있어."

아버지가 직장에서 돌아오면 나는 열정적으로 이야기를 쏟아냈다. 그러나 신발을 벗고 손을 씻는 아버지는 정신이 마치 다른 데 가 있는 듯했다.

내가 떠들어댈 때 조용히 움직이던 입술.
국가고시를 마친 뒤 포옹해주던 두 손.
나를 위해 일부러 고등법원까지 직접 찾아와서는 복도에서 숨 가쁘게 "멋지다!" 하고 외치던 목소리.
내가 방송국에서 일할 때 어쩌면 글쓰기가 내 직업이 될 수 있을 것 같다고 말하자 "상상도 하지 못한 일이야!"라고 했던 말.

손님들과 대화하는 도중에 내가 법조인으로 일하지 않는다는 이야기가 나오자 "안타까워"라고 낮게 중얼거리던 모습.

내가 전화로 어떤 이야기를 하고 난 뒤 "아빠는 어떻게 생각해요?"라고 물었을 때 이어지던 침묵.

내가 다시금 묻자 "지금 생각하는 중이야"라고 했던 말.

나는 그것이 아버지와 아들 사이의 일반적인 긴장 관계였다고 생각한다. 저녁에도 여전히 일어서 벗어나지 못한 아버지. 아들이 자신과 다른 직업을 선택할 수 있다는 상상을 해본 적이 없던 아버지. 별로 특별할 것 없는, 어디서나 흔히 들을 수 있는 아버지와 아들의 관계다. 그렇지만 당시에는 그런 일들이 나를 몹시 불편하게 했다. 지금은 머릿속에 거의 남아 있지도 않지만.

나의 전체주의적 자아는 잘 작동했다. 그것이 내 기억을 아름답게 만들어주었다. 이렇게 수정된 기억이 내가 지금 내리는 결정에 영향을 미친다. 그 결정에 따라 나는 현재를 살아가는 것이다. 내 기억 속의 과거는 아버지와 어느 정도 거리를 두게 했고, 그것이 내 삶 전체를 아버지에게 종속시키지 않는 이유를 설명해준다. 동시에 그 기억은 가족 간 유대감을 형성시켜준다. 내가 여전히 아버지에게 많은 시간과 힘, 책임이라는 에너지를 쏟는 것을 정당화해준다. 내가 아버지와 함께 고통을 겪고 기쁨을 찾을 수 있게 해준다.

어떤 날에는 그 덕분에 평화로울 수 있다.

또 어떤 날에는 내 기억 중 어떤 부분이 실제 현실을 반영하고 있는지, 어떤 게 수정된 부분인지 알고 싶은 호기심을 느낀다. 아버지와의 관계 중 어느 부분이 수정되어 나로 하여금 도망치지 못하게 만드는 현실이 되었는지 궁금하다.

그러고 나서 나는 다시 생각한다. 그것이 정말 그렇게 중요할까? 기억이 객관적인 사건과 일치하지 않으면 증인은 쓸모가 없다. 그렇지만 우리의 기억은 오로지 우리 자신만을 위해 기능한다. 기억은 우리가 삶을 잘 살아갈 수 있게 돕는다는 자기 이익적 목적을 추구한다. 기억이 현실과 일치하지 않을 경우, 그 차이는 오류가 아니다. 기억은 그저 제 역할을 할 뿐이다. 그것은 삶의 고통을 덜어 준다.

6

긴급 대피소

긴급
대피소

  2022년 여름에 동생과 그의 아내 생일을 우리 예전 집에서 함께 축하하기로 했다. 왜 그런 생각을 했는지는 설명할 수 없다. 베를린과 아버지에게서 멀리 떨어진 곳에서, 아버지도 없이 파티를 하기로 한 것이다. 아버지가 없는 그 집에서 우리끼리만 만난 것은 그때가 처음이었고, 아버지가 베를린으로 이사 간 후로 그 집을 방문한 것도 처음이었다.

  우리는 비어 있는 그 집의 전화를 몇 달 동안 끊지 않고 그대로 두었다. 마치 아버지가 돌아올 가능성이 있기라도 한 것처럼. 나는 알렉사와 카메라를 활용해 때때로 거실을 살펴보곤 했다. 그곳의 모든 게 정지된 모습이지만, 시간은 흐르고 있었다. 그것은 마치 날씨 외에는 아무런 움직임도 없는, 그럼에도 영화의 한 장면처럼 매력적인 기상관측 카메라의 한 장면을 보는 듯이 느껴졌다.

　이제 전화 연결을 해지했다. 알렉사는 더 이상 응답하지 않는다. 거의 50년 동안 사용해온 네 자릿수 전화번호이고, 마지막 수업이 갑자기 취소되었을 때 학교 앞 전화박스에서 걸었던 전화번호다. 그 뒤에는 아버지와 통화하기 위해 매일 걸었던 전화번호다. 그러나 이제는 전화를 걸면 "지금 거신 번호는 없는 번호이니…"라는 안내방송이 나온다.

　아마도 우리는 집이 여전히 존재하는지 확인하고 싶었던 것 같다.

　어쩌면 우리는 잠시 휴식이 필요했는지도 모른다.

　집으로 가는 기차 안에 앉았을 때, 요양보호사가 나에게 한 말이 떠올랐다. "당신이 모든 것을 망치고 있어요. 아버지한테 너무 자주 온다고요." 그녀는 거의 소리를 지르듯이 말했다.

　요양보호사가 무슨 말을 하는지 난 이해할 수 있었다. 아버지가 베를린으로 온 뒤 나는 거의 매일 요양원을 방문했다. 그래야 마음이 편했다. 나는 아버지의 상태를 확인하고, 개입하고, 통제하며 나의 효능감을 느끼고 있었다. 아버지의 꾸밈없는 기쁨이 나를 이끌었다. "네가 와서 좋다." 아버지는 나를 알지만, 다른 사람들은 모른다. 다른 사람들을 어떻게 알겠는가. 그들은 너무 많고, 아버지는 더 이상 기억을 만들어낼 수 없다. 더 이상 사람들과 친해질 수 없다.

가끔, 적절한 순간에, 간호사나 간병인에게 반응을 보인다. 그러면 질문에 대답도 하고, 친절하게 대하며, 농담도 한다. 그럴 때 아버지는 매력 있는 사람으로 평가받는다. 화장실에 함께 가서 이를 닦기도 한다. 그러면 그들은 아버지가 '협조적'이라고 말한다. 그렇지만 대개는 어려움을 겪는다. 아버지는 그들을 알지 못하고, 알고 싶어 하지도 않는다. 나에게는 반응을 보이지만, 다른 사람들에게는 그러지 않는다.

나에게 그 말을 한 요양보호사는 아버지를 필요 이상으로 좋아하는 것 같다. 그는 아버지를 헌신적으로 돌본다. 그래서 나는 어쩌면 그의 말이 맞을 수도 있다고 생각한다.

그래서 며칠 동안 여행을 떠나보는 것도 좋겠다고 생각했다.

우리가 도착했을 때, 정원의 덤불은 무성하고 우편함은 비어 있었다. 우편물 포워딩 서비스가 잘 작동하고 있는 것이다. 가사 도우미는 주 1회 방문해 집의 생명 징후인 난방, 물, 전기를 한 번씩 가동시켜줬다.

우리는 블라인드를 올리고, 테이블을 차리고, 식사를 하고, 치웠다. 아버지의 자리는 비어 있다. 테이블 옆 안락의자도 비어 있다. 심지어 베를린에 있는 아버지에게 전화를 할 수도 없다. 이제 아버지의 능력은 전화를 받는 것조차 허락하지 않는다. 선반 위에 놓여 있는 플라스틱 조각이 전화기라는 사실도 이제 알지 못한다.

  그럼에도 아버지는 물리적으로, 우리가 손으로 만져볼 수 있는 방식으로 여전히 존재했다. 아버지는 집에 기억을 남겨두었다. 기억을 메모에 옮겨 적어 이 방 저 방에 흩어놓았다. 우리는 매 걸음마다, 매 행동마다, 매 시선마다 메모지를 마주했다.

  집에서 혼자 지낸 마지막 몇 년 동안, 아버지는 자신이 잊어버린다는 걸 인식하면서 종이 없이는 살 수 없게 되었다. 집에는 내가 어린 시절 태양광 계산기와 함께 홍보 선물로 받은, 절단면에 로고가 새겨진 정사각형 메모지 따위가 가득했다. 아버지에게는 스프링 노트, 줄 노트, 격자무늬 노트가 필요했다. 볼펜도 많았다. 대부분 써지지 않는데도 버리지 않고 번번이 하나하나 다시 써서 확인하곤 했다.

  아버지는 모든 것을 기록했다. 큰 메모장에는 아침 몇 시에 일어났는지, 몇 시에 어떤 약을 복용했는지, 배변과 소변은 어땠는지도 적었다. 모든 일정(수리공, 의사, 기억 훈련사인 D 씨와의 일정)은 벽걸이 달력의 해당 날짜 빈칸에 기록했다. 추가로 또 다른 달력에도 적어놓고, 메모장에도 한 번 더 기록해두었다.

  그 달력은 아직 벽에 걸려 있다. 아버지의 지난해 10월 마지막 일정을 확인할 수 있다.

  나는 항상 큰 종이보다 작은 메모가 더 흥미롭다고 생

각했다. 그 메모들은 아버지의 머릿속에서 일어나고 있는 일들을 알려준다. 아버지는 TV에서 본 사람들의 이름, 라디오에서 듣거나 신문에서 읽은 단어들을 메모했다. 비록 마지막에는 신문을 읽는 게 아니라 그냥 이리저리 뒤적이는 데 불과했지만 말이다. 나는 메모 하나를 집어 들고 읽었다. '헬게 푸스트 Helge Fuhst'라는 이름과 함께 '넘기시오'라는 단어가 적혀 있다. 그리고 뒷면에는 '즉흥 테스트'라고 쓰여 있다.

나는 아버지가 복용하던 도네페질이라는 약물이 과도한 쓰기 욕구를 유발할 수 있다는 글을 읽은 적이 있다. 그러나 아버지에게는 쓰는 행위 자체가 중요한 게 아니라는 느낌이 든다. 비록 작은 메모장에 일정, 전화번호, 약 복용 시간 등 중요한 내용을 쓰지 않더라도, 그런 정보를 보존하고 싶었던 것 같다. 메모들은 일상의 단편을 담고 있었다. 그런 일상이 아버지에게는 몹시 소중해서, 그것들을 망각에서 구하려고 애썼던 것이다.

나는 다른 메모지를 집어 들고 읽었다. '변주(음악).'

아버지의 기억에 둘러싸여 있는 기분은 이상했다. 메모 중에는 몇 년 전 것도 있다. 그 메모들이 아버지에게 더는 아무 소용도 없다는 사실을 나는 알고 있다. 메모를 한번 작성하고 나면 아버지는 그걸 다시 찾을 수도, 다시 읽을 수도, 다시 정리할 수도 없었다. 어떤 것은 그냥 반복해서 적기도 했다.

아버지가 이 집에서 쓸모없어진 메모들과 함께 있는

모습을 떠올리자니, 문득 젊은 시절 헤겔이 했던 말이 생각났다. 헤겔은 기억을 '현실의 뼈무덤'이라고 표현하며, 단순히 정보를 저장하는 기억과 그 정보를 활용하는 기억을 구분했다.

플라톤은 글쓰기가 기억에 대한 위협이 될 수 있다고 보았다. 플라톤의 대화편 중 《파이드로스》에서 소크라테스는 이집트의 신 테우트 이야기를 한다. 글을 발명한 테우트는 이를 타무스 왕에게 소개한다. 이에 왕은 흥분한 테우트를 제지하며 꾸짖는다. "당신의 발명은 학습하는 영혼들로 하여금 오히려 기억을 소홀히 하게 만들어 결국 더 많은 것을 잊게 할 것이다." 사람들이 '다른 도움 없이 스스로 기억하거나 즉시 기억하려 하지 않고' 그 대신 적어놓자마자 바로 치워버릴 것이라면서 말이다.

반면 역사학자 티투스 리비우스Titus Livius는 글을 "사건의 기억을 유일하게 충실히 보존하는 수단"이라고 칭송했다. 글이 인간의 기억이나 구전에 의한 전달보다 오류가 적다고 믿었던 그는 자신의 작품 《로마 건국사》에 로마 도시의 설립과 발전 과정을 기록했다. 그는 기원후 17년경에 사망했는데, 142권 중 일부가 오늘날까지 남아 있다. 오늘날 로마 역사에 관한 대부분의 지식은 그에게서 비롯되었다.

아버지도 자신의 단어들을 헛되이 기록하지 않았다. 메모들은 아버지가 한때 신경 썼던 것들을 상세히 문서화하고 있다. 나는 그 메모들을 읽을 수 있었고, 지금도 여전히 읽을 수 있다. 외부로 옮겨진 아버지의 기억은 오랜 세월을 버텨왔다. 나는 아버지가 왜 그 단어들을 선택했는지, 왜 다른 정보와 달리 그 단어는 잊어버리지 않으려 했는지 궁금했다. 그 단어들이 아버지에게 어떤 의미였는지, 무엇을 남겨두려 했는지 궁금했다.

그런 생각을 하는 동안, 동생이 마당에서 잔디 깎는 소리를 듣고 있는 동안, 또 다른 글의 내용이 떠올랐다. 몇 년 동안 아무도 그 글에 관심을 기울이지 않았다. 나는 지붕 다락방에서 그걸 봤던 기억이 있다. 잡동사니가 잔뜩 들어 있는 상자에서 종이 한 장이 삐져나와 있었다. 내 모형 기차 옆, 어머니의 목걸이가 담긴 작은 양철 박스 근처에. 입으로 불어 먼지를 걷어내자, 동생이 연필로 쓴 흐릿한 글씨가 드러났다. 글씨는 삐뚤빼뚤하고 알아보기 힘들었다.

자동차 운전자 충돌 후 사망.
66세 여성 한 명이 오늘 460번 국도에서 교통사고로 사망했다. 경찰 보고서에 따르면, 이 여성은 오후 1시경 오덴발트 방향으로 이동 중이었다. 이 과정에서 운전자의 차량이 아직 원인을 알 수 없는 이유로 맞은편 차선으로 넘어가면서 한 건설 회사의 대형 트럭 및 또 다른 승용차와 잇달아 충돌했다. 57세 트럭 운전자는 가벼운 부상을 입었고 또 다른 승용차의 탑승자들은 모두 무사했다. 경찰은 운전자가 건강 문제 때문에 차량의 통제력을 잃었을 가능성을 배제하지 않고 있다. 차량은 검찰의 지시에 따라 압수되었다. 경찰 외에도 소방서, 응급 의료진, 적십자 그리고 가족을 위한 위기대응팀이 출동했다. B460 도로는 오후 3시 40분까지 통제된다.

물론, 나는 그 글에 적혀 있는 내용을 잊은 적이 단 한 번도 없다. 우리는 어머니가 어떻게 돌아가셨는지 잘 알고 있다(또는 적어도 그렇게 믿었다). 그런데 그 종이를 손에 쥐고 있자니 갑자기 다른 기억이 떠올랐다. 그걸 작성하던 날 밤, 우리 세 남자는 위층 동생의 방에 모여 있었다. "이걸 따라 적어." 아버지가 동생에게 지시한 뒤 "할 수 있지?" 하고 물었다. 그러고는 방을 나갔다. 나는 동생과 함께 천장 조명의 차가운 불빛 아래에 서서 낮은 테이블 위에 놓인 브라운관 화면에 뜨는 픽셀 글자를 지켜보았다. 동생은 노트와 연필을 쥐고 바닥에 앉아 글을 쓰기 시작했다.

우리가 전혀 경험해본 적 없는 방식으로 매우 길었던 그날 하루는 그렇게 마무리되었다. 그날 이른 오후, 나는 아버지의 음성메시지를 들었다. "빨리 전화해줘." 절망적인 목소리였다. 나는 무언가 끔찍한 일이 일어났다는 걸 직감했다. 그러나 내 상상력은 현실을 감당하기엔 턱없이 부족했다. 그때 베를린에 있던 나는 회의 중이었다. 그리고 얼마 지나지 않아 기차를 타고 집으로 향했다.

가장 먼저 눈에 띄는 객실로 들어갔다. 맞은편에 앉은

여성이 자꾸 말을 걸었다. 그 여자가 어떻게 생겼는지, 대화 내용이 무엇이었는지는 기억나지 않는다. 나는 그 여자에게 말하고 싶었다. "죄송하지만, 엄마가 방금 돌아가셨어요. 저는 엄마한테 가는 중이에요. 지금은 당신하고 대화하고 싶지 않습니다." 하지만 나는 무뚝뚝한 표정으로 내 뇌가 자동으로 만들어내는 문장으로 대꾸했다. 내 대답은 점점 짧아졌다. 하지만 그렇게라도 하는 편이 새로운 자리를 찾아 옮기는 것보다는 덜 힘들 터였다.

집에 도착하니 동생과 아버지가 거실에 모여 있었다. 어두운 샹들리에 불빛 아래 테이블에는 이모가 준비해온 빵 접시가 놓여 있었다.

어머니의 사망일은 아버지에게 마치 약속이 연속으로 이어진 날 같았다. 경찰과 심리학자, 응급 의사 등이 먼저 찾아왔다. 그 뒤를 이어 신부님과 장의사, 친척과 이웃들이 찾아왔다. 우리는 전혀 느끼지 못했지만 완전히 지쳐 있었다. 아드레날린이 그런 사실을 잠시 잊게 만들었을 뿐이다.

그날 밤 누가 TV를 켜고 비디오 텍스트를 확인할 생각을 했는지는 모르겠다. 거기에는 시청자들을 위한, 일상적인 경찰 보고 내용이 뉴스 문체로 적혀 있었다. 나중에 알아본 바에 따르면, 독일에서는 그해에 하루 16명의 교통사고 사망자가 발생했다고 한다. 우리 가족에게 그 사고는 통계의 구체화, 가능성의 현실화(그리고 불가능성의 소멸), 존재하지 않았던 것의 등장, 반복될 수 없는 것의 반복을 의미했다. 그리고 다른 모든 사람에게는 통계 수치에 불과했다. 다음 날 아침이면 그 뉴스는 사라질 테고, 더 흥미롭고 새로운 뉴스가 그 자리를 채울 것이다. 도로 차단은 몇 시간 전에 해제됐으며, 일반 대중에게는 이로써 비상 상태가 끝난 셈이다.

아버지는 그날 밤 그 뉴스의 비디오 텍스트를 읽지 못했을 것이다. 그러나 그 뉴스는 아버지에게 가치 있는 것이었다. 그래서 그걸 보존하고, 나중을 위해 보관하고 싶었던 것 같다. 출력할 수는 없었다. 그때는 휴대폰 카메라도 없었다. 중세 시대처럼 수작업으로 필사하는 방법밖에 없었다.

무릎을 구부리고 바닥에 앉아 글을 쓰는 동생의 모습이 내가 기억하는 그날 밤의 마지막 장면이다. 그 후 나는 내 방으로 가서 가장 친한 친구가 베를린 기차역에서 내 손에 쥐여준 수면제를 삼키고 잠들었다. 그리고 아침 일찍 깨어났다.

그 종이를 손에 쥐었을 때, 나는 아버지의 다른 메모와 마찬가지로 그 뉴스를 기록한 이유가 궁금했다. 아버지는 왜 그걸 남기길 원했고, 동생은 왜 그 지시를 따랐을까. 우리는 무엇을 보존하려 했던 것일까. 그 문장들에는 우리가 모르거나 잊어버릴 만한 내용은 하나도 담겨 있지 않았다.

아무도 살지 않는 빈집을 나는 계속해서 살펴보았다. 아버지는 벽의 빈 공간에도 여전히 존재했다. 수십 년 동안 그곳에 걸려 있던 그림들은 이제 베를린에 있는 아버지의 방으로 옮겨졌다. 벽지에 남아 있는 흔적으로 그 빈자리를 알아볼 수 있다. 내 시선은 이제 그림의 빈자리를 넘어 아버지의 모습을 본다. 아버지가 지금 잘 있을지, 요양보호사는 어떻게 지낼지 생각한다. 내가 아버지에게 가지 않아서 요양보호사는 만족할까. 그래서 좀 더 수월해졌을지, 아니면 더 어려워졌을지 생각한다.

내 시선이 수납장으로 향한다. 우리가 집을 떠날 때 그 수납장을 놓고 고민했던 일이 떠올랐다. 아버지와 함께 서둘러 베를린으로 가기 위해 우리는 주말 동안 여행 가방을 싸고, 겨울철을 대비하기 위해 필요한 모든 일을 처리해야만 했다. 도둑을 대비할 수는 없다. 창문과 문이 너무 오래되어 누구나 집 안으로 들어올 수 있기 때문이다. 어떤 귀중품을 안전하게 옮겨야 할까. 동생은 자기 바이올린을 벌써 가져갔고, 그 외에는 아무리 생각해도 가치 있는 것이 떠오르지 않았다.

"사진들 말고는 딱히 없지." 동생이 말했다.

우리는 몇 년 동안 사진을 본 적이 없다. 사실 제대로 들여다본 적이 한 번도 없는 듯하다. 우리는 항상 시간이 없었고, 사진들은 항상 거기에 그대로 있었다. 하지만 만약 도난당한다면 어떡하지?

밤이 다가오면서 우리는 바빠졌다. 출발하기 몇 시간

전, 우리는 바닥에 앉아 거실 수납장 오른쪽 아래에 있는 단단하고 빽빽한 문을 열었다. 그 안에는 서른 권가량의 앨범이 있었다. 두꺼운 것도 있고 얇은 것도 있었다. 리넨 표지로 제본한 것과 차가운 플라스틱 표지로 된 것도 있었다. 어머니는 수십 년 동안 가족의 일상을 기록으로 남겼다. 그것도 세 부씩 분류해서. 삶의 각 단계마다 어머니는 내 동생, 나 그리고 '가족'을 위한 앨범을 각각 챙겼다. 처음부터 우리가 각자 다른 곳에서 살게 될 가능성을 염두에 두고, 아무도 자신의 삶이 담긴 사진을 포기하는 일이 없게끔 말이다. 아마도 경외심 때문에, 어쩌면 난감해서 우리는 그동안 앨범에 손을 대지 못했다.

그러나 그날 밤 우리는 출발을 앞두고 앨범을 다시 살펴봤다. 아버지에게 당신의 과거 중 일부를 전해주고 싶었다. 나는 치매에 걸린 사람들에게 자신의 인생을 자주 돌아볼 기회를 주고, 예전 사진을 자주 보여주고, 그것에 관해 이야기하는 게 중요하다는 글을 읽었다. 그렇게 해야 가능한 한 오랫동안 자신이 누구인지에 대한 감각을 유지할 수 있기 때문이다.

대부분의 앨범에서 어머니는 무엇이 보존할 가치가 있는지, 무엇이 그렇지 않은지를 결정한 듯했다. 나름대로 어머니의 아카이브를 구축한 것이다. 앨범을 이것저것 살펴보다가 우리는 특별한 걸 하나 발견했다. 그것은 아버지가 어머니를 만나기 훨씬 전부터 만든 앨범이었다. 작고 특히 정성스럽게 꾸민 앨범으로, 그게 아버지한테 매우 소중하다는 걸 알 수 있었다. 1963년부터 1965년까지, 그러니까 아버지가 학교를 졸업한 후부터 군 복무 시절까지의 사진이 들어 있었다. 아버지는 이 시기를 자주 언급했다. 그 시절의 동료애와 모험, 세계를 돌아다닌 이야기를 종종 했다. 그 사진들에는 웃고 있는 아버지의 모습이 많이 담겨 있다.

'1986, 1987, 1988'이라고 적힌 앨범도 눈에 띄었다. 여기에는 특별한 사건들, 즉 생일, 여행, 첫 영성체, 카니발 축제, 동방박사로 분장하고 축복의 노래를 부르는 별의 순례 행사, 소풍, 학교 축제, 자전거 여행 등이 담겨 있었다. 우리 가족 모두의 행복한 모습이다. 이 앨범에는 아버지의 메모도 남아 있다. 우리는 이 앨범을 여행 가방에 넣었다. 가방이 이제 꽉 찼다.

나머지 앨범은 집에 남겨두었다. 어머니의 아카이브다. 아카이브의 어원인 고대 그리스어 'archein'은 본래 '지배하다'라는 뜻이다. 이제 사진에 대한 지배권은 우리에게 넘어왔다. 도둑한테도 이 사진이 가치가 있을까? 우리는 서로를 바라보며 고개를 저었다. 수납장을 잠그고, 불을 껐다.

갑작스럽게 이사한 뒤 처음으로 다시 수납장 앞에 섰다. 수납장을 열어보았다. 사진들은 여전히 거기에 있다. 하지만 그것들이 사라질 수도 있다는 두려움을 느낀다.

갑자기 유명한 문장이 머릿속에 떠오른다. 아니 에르노 Annie Ernaux는 《세월》에서 다음과 같은 문장으로 시작한다. "모든 사진은 사라진다." 이 문장은 사라짐에 맞서 싸우기 위한 동기처럼, 전체 글에 대한 원동력처럼 자리 잡고 있다. 에르노는 또한 "사진들은 한순간에 사라질 것이다"라고 말한다. "반세기 전에 죽은 조부모의 머릿속에 있던 수백만 장의 사진처럼 그리고 마찬가지로 더 이상 살아 계시지 않는 부모님의 머릿속에 있던 사진들처럼."

사진들이 머릿속에서 사라지기 전에, 에르노는 지난 세월을 회고하며 사진들을 글로 옮겨 저장한다. 사진뿐만 아니라 단어, 멜로디, 신문 기사, 물건 그리고 분위기까지. 글은 그 모든 걸 보존해줄 것이다.

문득, 사진이 사라질 거라는 두려움이 여러 행동을 설명해주는 원동력이 아닐까 하는 생각이 들었다. 그것은 우리가 집을 떠날 때 품고 있던 두려움이었다. 그것은 어머니가 모든 걸 사진으로 남기고, 그걸 심지어 세 부로 나눠 보관하게 만든 두려움과 같다. 우리로 하여금 뉴스의 비디오 텍스트를 베껴 쓰게 만든 두려움과 같다. 그리고 어쩌면 아버지가 집 안 곳곳에 메모를 남긴 것도 같은 두려움 아니었을까?

우리는 왜 사진이 사라지는 걸 그렇게 두려워할까? 사진, 단어, 소리를 보존함으로써 우리가 남기고 싶은 것은 무엇일까?

그날은 매우 더웠다. 우리는 호수로 갔다. 조카가 생일

선물로 받은 튜브 보트를 타며 물 위를 떠다녔다. 저녁에는 함께 테라스에 앉아 있었다. 동생은 오랫동안 아버지가 사용하던 그릴에 불을 지폈다. 우리는 밤늦게까지 함께 시간을 보냈다. 공동체라는 느낌이 위로가 되었다.

그날 밤 자러 들어가는 길에 나는 사진이 사라질 거라는 두려움이 무엇에서 비롯됐는지 알 것 같은 느낌이 들었다. 그건 혼자 남는 것에 대한 두려움이었다.

그날 밤 12월의 어둠 속, 어머니가 태어난 곳에서 TV로 어머니의 사고 뉴스를 보던 그 짧은 순간, 우리 세 사람은 혼자가 아니라는 감정을 느낄 수 있었다. 그것은 세상이 우리 이야기에 관심을 기울이고 우리 존재를 의식하고 있다는 걸 보여주었다. 그리고 우리가 아무도 모르게 혼자서 이 아픔을 극복하려 애쓰지 않아도 된다는 걸 보여주었다.

거실 수납장에 있던 사진들, 각각 세 부씩 있는 사진들 또한 우리가 혼자라는 느낌에서 벗어나게 해주었다.

아버지가 집 안 곳곳에 흩어놓은 종이쪽지들에는 TV 진행자의 이름이나 라디오에서 들은 단어처럼 별것 아닌 일상적인 내용이 적혀 있었다. 그 쪽지들이 마치 세상과의 연결을 잃지 않으려는 필사적인 몸부림 같다. 다른 사람들과 같은 공간에 있기 위한, 우리와 함께 있기 위한, 모두와 함께 있기 위한 몸부림 말이다. 그것은 혼자가 되지 않으려는 시도다.

기억 훈련사와 함께 아버지는 옛 노래와 속담뿐만 아니라 뉴스, 축구 시합 결과, 새롭게 등장하거나 사라지는 정치인들의 이름도 공부했다. 그것 또한 나에게는 혼자 남지 않으려는 노력의 일환으로 보였다.

심리학자 애비 보이토스Abby Boytos와 크리스티 코스터빌Kristi Costabile은 자서전적인 기억을 타인과 공유하는 것이 정신 건강에 중요한 역할을 한다는 사실을 입증했다. 공통된 과거를 놓고 이야기 나누는 것은 더욱 그렇다.

그날 밤 잠자리에 들면서, 나는 우리의 기억이 어쩌면 비상 대피소가 될 수 있다고 생각했다. 그곳은 우리가 알고 있는 공동의 장소, 사람들이 우리를 알아볼 수 있는 장소, 우리가 공유하는 장소 그리고 힘들 때 찾아가는 장소인 것이다.

이튿날 아침, 테이블에 식사를 차리면서 나는 벽에 남아 있는 아주 작은 빈자리를 발견했다. 아버지가 항상 앉아서 아침 식사를 하던 자리 바로 옆이다. 그 자리에 걸려 있던 사진은 아버지가 베를린으로 가져가겠다고 직접 골랐다. 가로세로 몇 센티미터밖에 되지 않는 작은 사진인데, 어린 시절 내가 정원에서 긴장한 모습으로 전나무에 귀를 기울이는 모습을 담고 있다. 아버지는 이렇게 말했다. "난 이 사진이 참 좋더라."

아버지는 베를린에 도착한 후 처음 며칠 동안은 거의 매일 밤 방을 뒤졌다. 나는 그 작은 사진을 침대 밑에서,

화장실에서, 복도에서, 배수구 근처나 세탁 바구니 또는 쓰레기통 근처에서 발견하곤 했다. 그러다가 언젠가는 그 사진이 사라질 것만 같았다. 그래서 원본을 컬러 복사본으로 교체했다. 만약 잃어버리더라도 하나 더 복사하면 그만이다. 원본은 이제 내 작업실에 걸려 있다. 어머니가 가족사진을 우리 각자를 위해 한 장씩 더 인화한 것처럼 나도 그렇게 했다. 그렇게 우리는 사진을 공유하고, 기억과 현실을 공유한다.

아침을 먹으면서 나는 아버지가 베를린의 식탁에 앉아 식사하는 모습을 떠올린다. 아버지 옆으로 작은 컬러사진 액자가 걸려 있는 게 보인다. 아버지는 때때로 그 사진을 가리키고 나를 한 번 바라보며 고개를 끄덕이곤 했다.

아버지는 사진 속 인물과 나를 아직은 연결하여 생각할 수 있다. 여전히 우리는 공동의 비상 대피소가 있고, 함께 이야기할 거리가 있는 것이다. 아버지는 아직 내가 누구인지 알고 있다. 때때로 내 이름을 부르기도 한다.

그러나 이런 날도 있다.

"내가 누구인지 알아요?"

"당연히 알지!"

"내가 누구예요?"

잠시 생각한 뒤에 아버지가 대답한다. "넌 계속해서 새로운 사람으로 바뀌던데…."

언젠가 그런 날이 올 것이다. 아버지가 나를 더 이상 알아보지 못하는 날. 나는 그게 두렵다. 그런 날이 오면 아버지는 완전히 혼자가 될 것이다. 그래서 나는 아버지를 자주 보러 간다.

베를린으로 다시 돌아가야 한다는 충동을 강하게 느낀다.

《세월》을 특별하게 만드는 것은 바로 그 형식이다. 아니 에르노는 일인칭 서술자 방식으로 글을 쓰지 않는다. 에르노는 '우리' 또는 '사람들은'이라고 쓴다. 사진 속 자신을 타인처럼 바라보며, 자신을 삼인칭 시점으로 이야기한다. 자신의 자서전을 개인적인 것이 아니라 우리 모두의 것처럼 묘사한다. 단지 자신의 삶에 관해서만 쓰는 것이 아니라 우리의 삶, 곧 삶 그 자체를 말한다. 아버지가 쪽지에 기록한 많은 이야기처럼 매우 일상적인 사건들을 얘기한다. 그 자체만 고려했을 때는 큰 의미가 없는 사건들이다. 그러나 특유의 서술 방식을 통해 그 사건들은 의미를 지닌다. 이를 통해 작가는 이렇게 말한다. "나는 그곳에 있다. 나는 혼자가 아니다. 우리는 혼자가 아니다."

베를린에 돌아온 즉시 나는 아버지를 찾아간다. 그리고 레지던스 규정에 어긋나는 줄 알면서도 아버지 방에서 마스크를 쓰지 않는다. 우리에게 남아 있는 시간 동안 아버지가 내 얼굴을 더 많이 보길 바라면서.

"원하면 언제든지 오셔도 됩니다." 복도에서 마주친 요양보호사가 나에게 말한다. "아버지잖아요." 그러고는 두꺼운 안경 너머로 나를 바라보며 마스크를 고쳐 쓴다. "아버님이 마치 제 아버지 같아요." 그가 말한다. "아버님과 동갑이거든요. 하지만 제 아버지는 이제 살아 계시지 않아요."

7

소중한 파편들

소중한
파편들

 아버지에겐 이제 밤낮의 구분이 사라졌다. 한밤중에 깨어나 건물 안을 돌아다니다가 다른 층에서 발견되기도 한다. 낮에는 말을 하다가 갑자기 침대에 누워 눈을 감고 잠들기도 한다. 이것이 바로 밤낮의 뒤바뀜, 즉 치매 증상이다.

 나는 아버지가 낮 동안 깨어 있게 하려고 노력한다. 그러는데도 잠이 들면, 나는 침대 옆 의자에 앉아 책꽂이에 꽂혀 있는 《1867년 이후의 가족 연대기》을 꺼내 뒤적인다. 아버지와 그 책의 관계에도 변화가 있었다. 우리는 이 책을 3년 전 팬데믹이 일어나기 전 가을, 가족 모임 때 받았다.

 그때 나는 아버지와 함께 과거로 여행을 떠났다. 아버지에게는 형제자매가 없지만, 니더라인 Niederrhein 지역에 친척 몇 명이 살고 있다. 아버지는 대부분의 대인관계를 끊었던 것처럼 그들과의 교류도 중단했었다. 그런데 아버지의 사촌 중 한 명이 내 책을 읽고 몇 년 만에 이메일을 보내왔다. 나와 통화를 할 때, 아버지의 사촌이 가족 모임을 제안했다. 나는 아버지를 설득해 아버지의 고향으로 3일 동안 여행을 다녀오기로 했다. 우리는 가족 모임 전날 도착해서 호텔에 싱글 룸 두 개를 잡은 뒤 기억을 찾아 길을 나섰다.

나는 아버지가 많은 일을 기억해내길 간절히 바랐다. 고향과 가족과 재회함으로써 기분 좋은 감정이 생겨났으면 싶었다. 그리고 나 역시 기억을 되살릴 수 있기를 기대했다.

예전에 우리는 할머니를 뵙기 위해 이곳에 자주 오곤 했다. 할머니의 오래된 집에는 계단 옆에 화장실이 있고, 정원과 또 한때는 목수가 일하던 작업장이 있었다. 동생과 나에게 이곳은 놀거리가 무궁무진한 장소였다. 우리가 살던 시골과 달리 이곳은 진정한 도시의 모습이었다. 자동차 경적 소리와 백화점, 많은 인파를 경험할 수 있었다. 방문할 때마다 그 자체가 모험이었다.

아버지와 함께 시내를 걸었다. 어머니가 종종 블라우스를 너무 오랫동안 입어보곤 했던, 그래서 결국 동생과 내가 울기도 했던 옷 가게 자리를 지나간다. 우리가 크리스마스 선물을 고르던 장난감 가게 푸펜쾨니히 Puppenkönig ('인형 왕'이라는 뜻—옮긴이)도 지나쳤다. 가족 모임을 했던 식당에도 가보았다. 우리가 일요일에 할머니를 모시고 갔던 성당에도 들렀다. 아버지가 다닌 고등학교에도 가봤다. 아버지는 학교 운동장에 서서 당신이 공부했던 교실 창문과 그때 앉았던 자리를 손으로 가리키기도 했다. 마지막으로 우리는 21번지에 있는 할머니네 집을 찾았다. 지금은 주인이 바뀐 지 오래되었지만, 그 모습은 예전 그대로였다. 나는 2층 커튼 뒤로 카펫이 깔려 있던 거실을 떠올린다. 우리는 그곳에 함께 모여 앉아 있곤 했다. 그때의 광경들이 생각난다.

그럼에도 나는 실망했다. 아버지가 그 모든 걸 무감각하게 바라보기만 했기 때문이다. 마치 역사 동호회에서 진행하는 도시 투어에 참여한 듯한 모습이다. 그리고 예전 기억이 별 감동을 주지 않는다는 점에서 나 또한 실망했다.

나는 할머니집 앞에 서서 무얼 해야 할지 몰라 난처해했다. 그러다 문득 쪼그리고 앉아 우편 투입구를 열고 안을 들여다보았다. 아버지가 나에게 그러지 말라고 말하는 순간, 그동안 내가 그리워했던 모든 것을 담고 있는 냄새가 갑자기 훅 밀려왔다. 그것은 리놀륨, 오래된 페인트 그리고 온실이 혼합된 냄새였다. 갑자기 모든 게 생생히 떠올랐다. 내가 아이였을 때 늦은 밤 계단을 뛰어다니며 느꼈던 흥분, 자동차 여행의 피로를 잊게 해주던 순간들, 벽면에 걸려 있던 전선, 1층에 사는 세입자가 복도에 세워둔 바구니 달린 자전거, 화분에 심어놓은 묘목.

상상 속으로 또 다른 냄새들이 분주하게 섞여 들어왔다. 축축한 벽과 냉동고 때문에 지하실에서 풍기던 곰팡이 냄새. 나는 가끔 그곳 좁은 나무 계단을 내려가 몰래 청소년 잡지 〈브라보Bravo〉를 읽곤 했다. 맨발로 걷던 부드러운 카펫과 욕실에서 나는 가스보일러 냄새, 작업장의 염화암모늄 냄새 그리고 그 작업장에서 만들던 신비로운 병들. 나는 사촌들과 사다리를 타고 신나서 지붕 위로 기어오르곤 했다.

우리는 계속해서 걸었다. 이윽고 날이 어두워졌다. 그때 갑자기 누가 아버지의 이름을 불렀다. 아버지는 그 목소리의 주인이 누구인지 즉시 알아차렸다. 둘은 학교 때 친구로, 만난 지 50년이 넘는다고 했다. 믿기 어려울 정도의 우연이었다. 고향에 온 이후 처음으로 아버지는 미소를 보였고, 평소보다 말도 많아졌다.

의도적으로 기억을 떠올리려 애썼지만 특별한 감정이 생겨나진 않았다. 그러나 우연한 냄새와 목소리가 무의식 속의 기억을 자극해 어떤 감정을 불러일으켰다.

할머니 집 앞에서 아버지와 나는 '프루스트의 순간'을 경험했다. 마르셀 프루스트Marcel Proust는 소설 《잃어버린 시간을 찾아서》에서, 화자가 어떻게 어린 시절을 기억하게 되는지 묘사한다. 처음에는 기억이 나질 않는다. 그런데 쿠키 한 조각을 입에 물자 갑자기 기억이 떠오른다. 그 맛이 어린 시절 먹었던 마들렌을 떠오르게 한 것이다. '그것은 콩브레에서 어느 일요일 아침, 내가 미사에 가기 위해 집을 나서기 전에 아침 인사를 하러 이모의 방으로 갔을 때, 레오니 이모가 차나 보리수 꽃을 우려낸 물에 담가서 나에게 준 마들렌'을 떠오르게 했다.

  이 소설은 무의식에 대한 관심이 커지던 시기에 쓰였다. 20세기 초에 지그문트 프로이트는 무의식의 개념을 발전시켰고, 프랑스 철학자 앙리 베르그송 Henri Bergson은 《물질과 기억》에서 재인식, 즉 연상 법칙에 따라 떠오르는 즉흥적인 기억을 연구했다.

  이러한 현대 담론의 영향을 받아 프루스트는 그가 '비자발적 기억 mémoire involontaire'이라고 일컬은 개념을 중심으로 기억의 시학을 발전시켰다. 기억은 그가 글을 쓰는 동안, 마치 우연히 선택된 조각들을 아카이브에서 꺼내는 것처럼 통제 없이 떠오른다. 프루스트는 비자발적 기억의 장점을 강조했다. 의도적인 기억이 아니라 비자발적인 기억만이 화자로 하여금 진리에 접근할 수 있게 하고, 잃어버린 시간을 되찾게 하며, 삶의 파편들을 재구성하고 기록할 수 있게 한다고 여겼다.

  그동안 비자발적 기억에 대한 많은 연구가 이뤄졌다. 연구 결과는 비자발적 기억이 의도적인 기억보다 현실에 더 가깝다는 프루스트의 주장을 뒷받침하는 듯하다. 비자발적 기억은 드물게 떠오르기 때문에 덜 퇴색된 장면들로 이뤄진다. 기억은 떠올릴 때마다 매번 변하므로 비자발적 기억이 원본에 더 가깝게 남아 있다. 이 기억들은 더 구체적이고, 더 생생하며, 더 세부적이다. 그런 기억은 더욱 강렬한 힘이 있다. 왜냐하면 우리가 준비되지 않은 상태에서 갑작스레 찾아오기 때문이다.

이런 기억을 촉발하는 요인은 무한한 듯하다. 환경적 요인일 수도 있고, 맛·냄새·소리일 수도 있다. 어떤 단어일 수도 있고, 생각이나 또 다른 기억일 수도 있다. 이 기억들은 자동차를 운전할 때, 생각할 때, 산책할 때, 말할 때, 들을 때 또는 놀 때 문득 나타난다.

일부 연구자들은 비자발적 기억이란 인간 의식의 흐름에 우연히 섞여 들어간 것에 불과하다고 여긴다. 또 다른 이론에 따르면, 이 기억들은 마치 손수건에 매듭을 지어 중요한 일을 잊지 않게 해주던 옛 관습처럼 적절한 순간에 필요한 것을 떠올리도록 도와준다. 어떤 문제를 해결해야 하거나 위험에 놓였을 때, 과거의 비슷한 상황에 대한 비자발적 기억이 때때로 도움이 된다. 또 다른 이론에 따르면, 비자발적 기억은 우리 삶의 주제와 가치와 목표를 계속 상기하게 함으로써 정체성을 강화한다.

연구 결과에 따르면, 나이가 들수록 의도적 기억을 떠올리는 능력은 줄어들지만 비자발적 기억이 등장하는 빈도는 거의 감소하지 않는다. 또한 치매 환자들이 의도적인 기억을 더 이상 불러일으킬 수 없을 때도 여전히 비자발적 기억은 지니고 있음을 시사하는 징후가 발견되기도 한다.

긍정적인 경험에 대한 비자발적 기억은 기분을 좋게

해주는 역할을 한다. 적어도 우울증이 없는 사람들에게는 그렇다. 과학계에서는 이를 '무드 리페어 효과', 즉 기분 회복 효과라고 한다. 심리학자 메리골드 린턴Marigold Linton은 이를 '소중한 파편들'이라고 표현했다.

아버지가 의도적 기억을 잃어갈수록, 나는 비자발적 기억을 유도할 기회를 더 많이 만들어주려고 노력했다. 이 소중한 파편들이 아버지와 나를 이어주는 다리가 될 수 있다고 생각했다.

내 친구들이 (평일에) 책상 앞에서 일하거나, 형광 안전 조끼를 입고 활주로를 걸어 다니거나, 병원에서 대기하고, (주말에) 피트니스센터·카페·박물관에 가 있는 동안 나는 아버지와 함께 전면 거울이 있는 연회장에 앉아 〈암스테르담의 튤립〉을 부른다. 그곳에는 아코디언을 연주하는 남자가 있다. 그가 사람들이 아는 노래를 연주하면 그들은 부드러운 표정을 하고 함께 웃는다. 아버지는 케이크가 담긴 접시를 보며 웃고, 함께 노래를 부르고, 머리를 흔들고, 노래가 끝난 후에도 가사를 흥얼거린다.

우리 둘 다 좋은 감정을 느낀다.

내가 열 살 때, 사촌이 오래된 오디오를 선물해준 날이 떠오른다. 전선 안테나가 달린 그 오디오는 덩치 큰 박스처럼 생겼었다. 아버지와 함께 오디오를 설치하고 작동해보았다. 그때 처음 흘러나온 노래가 〈암스테르담의 튤립〉이었다. 아버지는 그때도 함께 음을 흥얼거리며, 유명한 노래라고 나에게 설명해주었다. 나중에 내가 학교 쉬는 시간에 운동장에서 이 노래를 부르자 아이들이 웃었다. 나는 그 애들이 즐거워서 웃은 건지 비웃은 건지 알 수 없었다. 그러다가 우리 반 친구와 단둘이 있을 때, 그 아이가 내게 말했다. "그 노래 다시 한번 불러줄 수 있어? 노래가 정말 좋더라."

어떤 종류의 음악이든, 노래는 아버지를 기분 좋게 만들어주었다. 가끔은 부엌에서 라틴어 신앙고백을 노래로 부르기도 하고, 때로는 CD 플레이어로 베토벤 음악을 듣거나 라디오로 독일 대중가요를 들었다. 남성 체조 모임에서는 행진곡에 맞춰 공연을 했다. 몇 년 동안 피아노 레슨을 받기도 했다. 병에 걸린 뒤에는 즐겨 듣던 라디오 채널을 찾지 못하면 우울해했으며, 그 채널을 다시 찾아낼 때까지 그 우울함은 계속되었다. 이제는 크리스마스라는 사실도 이해하지 못하지만, 내가 〈라스트 크리스마스Last Christmas〉를 틀어주면 첫 음만 듣고도 바로 "오, 좋아!" 하고 외친다.

독일의 전통 캐럴 〈오 기쁘도다 O du fröhliche〉는 눈을 감고 집중하며 끝까지 따라 부른다.

매주 목요일에는 기타를 치는 여성이 레지던스에 온다. 그 사람에게는 결코 쉽지 않은 일일 것이다. 아버지는 가만히 있지 않고, 그 때문에 다른 입주민들은 방해를 받는다고 느껴서 다툼이 일어나기도 한다. 모두 병이 있기 때문이다.

나는 기타를 치는 여성에게 계속 연주해달라고 부탁한다. 그게 성공한 날이면, 아버지는 하루 동안 완전히 다른 사람이 된다. 얘기도 하고, 노래를 설명하기도 한다. "오늘 아주 열심히 노래를 따라 부르네요." 아버지 방에서 몇 칸 떨어진 곳에 사는 여성들이 나지막한 목소리로 말하며 아버지를 향해 고개를 끄덕인다. 아버지도 그분들을 향해 미소를 보인다. 그렇게 때때로 대화가 이어지기도 한다.

축구 또한 아버지와 소통하고 그를 기쁘게 할 수 있는 방법 중 하나다. 아버지는 아들들에게 축구를 가르쳐주고 싶어 했지만, 동생과 나는 축구에 관심이 없었다. 교사였던 어머니는 축구를 경멸했다. 축구가 아이들을 공부에서 멀어지게 만든다고 여겼다. 내 남자 친구가 우리 집에 오고 나서야 아버지는 비로소 축구 이야기를 함께 나눌 사람을 얻게 되었다. 아마도 그게 아버지가 내 남자 친구를 잊지 못하는 이유 중 하나일 것이다.

아버지의 병이 시작됐을 때, 기억 훈련사는 아버지가 가장 좋아하는 축구팀인 보루시아 묀헨글라트바흐Borussia Mönchengladbach에 대해 조사한 뒤 그 팀의 선수, 감독, 경기 결과, 소문에 관한 이야기를 나눴다. 그러나 어느 순간부터 아버지의 얘기는 화면에서 벌어지는 장면들과 일치하지 않게 되었다. 더 이상 경기의 흐름을 따라갈 수 없게 된 것이다. 그러나 '축구'는 오늘날까지도 아버지의 흥미를 불러일으키는 단어다.

글을 쓰다 보니 비자발적 기억이 하나 떠오른다. 삼촌과 그의 가족을 만나기 위해 아버지와 함께 레스토랑에 간 적이 있다. 아버지가 베를린으로 떠나기 전, 집에서 보낸 마지막 달에 있었던 일이다. 그때 이미 아버지는 옷걸이, 의자, 냅킨 등 사물의 이름을 인식하는 데 어려움을 겪고 있었다. 아버지는 테이블에 함께 앉아 있는 익숙한 사람들을 거의 알아보지 못해 어쩔 줄 몰라 하며 한동안 메뉴만 바라보았다. 그날 저녁에 친척들은 아버지의 상태가 어떤지 알아차렸을 것이다. 모두 침울한 표정으로 조용히 앉아 있었다. 우리와 달리 주변 손님들은 시끌벅적하게 떠들었다.

그때였다. 아버지가 갑자기 고개를 들더니 검지를 들어 올리며 조용히 말했다. "축구다." 그제야 나는 주말 축구 경기 결과를 전하는 라디오 방송이 흘러나오고 있음을 깨달았다. 혼잡한 가운데 아버지는 내가 놓친 것을 알아차리고 있었던 것이다. 그러나 아버지의 얘기는 끝내 우리에게 전달되지 못했고, 소통하려는 노력은 결국 실패로 돌아갔다.

연구에 따르면, 비자발적 기억은 대체로 긍정적인 경우가 부정적인 경우보다 많다. 그러나 부정적인 기억일 경우, 그것들은 불청객처럼 우리를 끈질기게 따라다니며 귀찮게 한다.

아버지가 영화관에 가고 싶다고 말했을 때, 나는 그것

역시 축구를 향한 열정과 관련이 있을 거라고 생각했다. 내가 태어나서 처음 본 영화를 나는 아버지와 함께 관람했다. 내가 여덟 살 때 본 〈밤비 Bambi〉라는 영화였다(〈밤비〉는 1942년 디즈니가 제작한 애니메이션으로, 어린 사슴 밤비가 숲속에서 친구들과 함께 성장하며 자연의 아름다움과 삶의 고난을 배우는 이야기를 담고 있다—옮긴이). 그것은 아버지의 첫 번째 영화이기도 했는데, 아버지는 그 영화를 일곱 살 때 보았다고 한다. 우리는 작은 도시의 영화관에 나란히 앉아 있었다. 의자에서는 빨지 않은 패브릭 냄새가 났다. 영화관은 어둡고, 아름답고, 슬펐다. 아버지는 영화관에 자주 가는 분이 아니었다. 그래서 20년 뒤 다시 영화관에 가고 싶다고 말했을 때 놀랐다.

2003년에 있었던 일이다. 당시 나는 뉴욕에서 공부를 마치고 돌아왔는데, 테러리스트들이 세계무역센터의 쌍둥이 빌딩을 공격한 후였다. 그때 나는 쾰른에 첫 번째 집을 구했다. 방 두 개짜리 아파트였는데, 그 주말에 부모님이 나를 방문했다. 우리도 모르는 사이 어머니 생애의 마지막 해가 시작되던 때였다.

우리는 오후에 가구를 조립하고, 저녁에는 큰 영화관의 2층 관람석에 앉아 〈베른의 기적 Das Wunder von Bern〉을 보았다(〈베른의 기적〉은 1954년 스위스 베른에서 열린 FIFA 월드컵에서 서독 국가대표팀이 헝가리를 꺾고 우승한 역사적 사건을 배경으로 한 독일 영화다. 단순한 스포츠 영화에 그치지 않고, 축구가 전후 독일 사회와 개인의 삶에 미친 영향을 다루며 독일 국민이 좌절에서 벗어나 새 희망을 찾는 과정을 보여준다—옮긴이). 스크린이 너무 멀리 떨어진 탓에 프로젝터에서 나오는 빛줄기가 마치 기하학적 실체처럼 우리 앞에 서 있는 듯했다.

아버지는 평소와 달리 매우 활력이 넘쳤다. 어머니와 나에게 1954년 라디오에서 들었던 결승전 상황을 세세히 설명해주기도 했다. 흥분, 독일 대표팀 주장 프리츠 발터Fritz Walter, 두 개의 골, 충격, 독일의 골, 비, 진흙밭, 새 신발, 아디다스 창업주 아디 다슬러Adi Dassler, 3 대 2, 오프사이드, 라디오 해설자 헤르베르트 치머만Herbert Zimmermann의 열광, 모든 이의 열광, 새로운 시대.

아버지는 영화에서 축구 이외의 다른 스토리 전개는 전혀 언급하지 않았다. 12년간의 전쟁과 포로 생활을 마치고 돌아왔지만 가족과 대화의 단절을 느끼는 영화 속 아버지에 관해서는 한마디도 하지 않았다.

"아마도 너에게 그런 말을 해주고 싶었던 것 같아"라고 어머니가 영화관을 나설 때 내 귀에 속삭였다.

지그문트 프로이트에 따르면, 우리를 놓아주지 않는 기억들은 단순한 기억이 아니다. 그것들은 현재에 남아 있는 외상적 경험이다. 에바 슈투름이 말하듯 '관찰자의 태도'를 취할 수 있는 과거가 아니다. 이러한 경험은 떠올릴 때마다 이야기의 대상이 아니라 재경험하게 되는 대상이다. 또한 그것들은 무의식적으로 계속 반복해서 되돌아온다.

내 조부 두 분은 전쟁에서 살아남았지만, 심장마비는 극복하지 못했다. 나는 두 분 중 아무도 만나본 적이 없다. 그러나 외할아버지에 대해서는 잘 알고 있다. 어머니의 이야기를 통해 그분의 외모와 성격을 생생하게 들었기 때문이다. 나는 그분이 언제 회초리를 들었는지, 어떤 신문을 읽고 어떤 신문을 경멸했는지, 전쟁 때 소시지 통조림을 어디에 숨겼는지 알고 있다. 또한 그분이 했던 말과 목소리도 충분히 상상할 수 있다.

그렇지만 친할아버지와 관련해서는 한마디의 말도, 목소리도, 제스처도 떠올릴 수 없다. 그분에 관해 남은 것은 단 한 장의 사진뿐이다. 당시의 전형적인 인물 사진인데, 전혀 특별할 것이 없는 모습이다. 사진 속 할아버지는 머리를 단정하게 빗고, 진지한 표정을 하고, 입을 굳게 다물고 있다. 정장, 넥타이, 눈, 머리카락 중 어떤 것도 검은색이 아닐 거라고 상상하기 어렵다. 그게 컬러사진이었다고 하더라도 말이다. 그분의 표정은 아무것도 드러내지 않는다. 어떻게 먹고, 웃고, 키스했을지 전혀 상상할 수가 없다.

나는 아버지의 가족 중 남자들에 관해 구체적인 정보를 거의 알지 못한다. 증조할아버지는 니더라인 지역의 한 마을에서 '경사'로 일했다. 그분의 집 바로 옆 뜰에는 벽돌로 지은 감옥이 있었고, 그곳에 종종 밀수범들이 수감되곤 했다. 수십 년 뒤 내 동생과 나는 종종 그곳에서 도둑과 경찰 놀이를 했다. 그곳의 냄새를 나는 아직 기억한다. 감방에 깔려 있던 카펫 냄새까지.

아버지는 "나는 네 할아버지의 영향을 받았어"라고 내게 말한 적이 있다. 내가 대입 시험을 마치고 난 여름밤이었다. 우리는 반바지를 입고 테라스에 앉아 직업 선택에 대한 이야기를 나누던 중이었다. "할아버지는 형사였어." 내 할아버지는 증조할아버지처럼 경찰관이 되었고, 아버지는 법과 질서를 중시하는 가족의 전통을 따라 법조인이 되었다. 그게 아버지가 할아버지들에 대해 나에게 들려준 유일한 이야기였다.

친할아버지를 설명하기 위해서는 상상력이 필요하다. 넥타이 대신 군복이나 전쟁 포로복을 떠올리고, 초상화의 단정한 자세 대신 참호에 엎드려 있거나 수용소 한구석에 몸을 바짝 붙이고 있는 모습을 상상해야 하기 때문이다. 그분은 〈베른의 기적〉에 등장하는 아버지처럼 오랜 포로 생활 끝에 귀향했다. 10년 반 동안이나 집을 떠나 있었고, 그중 2년은 전쟁에서 군인과 경찰 임무를 동시에 수행하며 프랑스에 투입되었다. 그 뒤 미군의 포로가 되었고, 그다음에는 프랑스군의 포로로 잡혔다. 그리고 그 영화 속 아버지처럼 귀향한 뒤에야 자신의 아들을 처음으로 만났다.

할머니는 1943년 6월에 혼자서 아이를 낳았다. 태어난 지 일주일째 되던 날 밤, 아버지와 할머니는 이후 공문의 표현대로 '공습으로 마을이 완전히 파괴'되는 경험을 했다. 아버지의 출생지인 묀헨글라트바흐는 전쟁 중 매우 심각한 공습을 경험했다. 신문 아카이브에서 나는 거리의 사진들을 발견한 적이 있다. 지금은 우리가 자유롭게 걸어 다니는 그 길들이 사진 속에서는 폐허와 잔해로 가득 찬 모습이었다. 지하실에서 할머니는 아들을 무릎 위에 올려놓고 몸으로 감싸 보호했으며, 두 분은 새로운 거처를 찾아야 했다. 일곱 살 때 아들은 한 번도 본 적 없는, 먼 곳에 있는 아버지에게 크리스마스카드를 보냈다. 처음 받은 학교 성적표를 동봉해서. 전쟁에서 집으로 돌아온 아버지는 가족과 쉽게 어울리지 못했고, 아들에게도 다가가지 못했다.

이것은 할머니와 어머니를 통해 알게 된 사실이다. 할머니가 어머니에게 그리고 어머니가 나에게 말해주었다. 할아버지는 전쟁과 포로 생활에서 겪은 일을 아들과 이야기할 수 없었고, 아버지는 자신의 아버지 이야기를 나에게 할 수 없었던 것이다.

그 시절에는 거의 모든 사람이 비슷한 경험을 했다. 대부분의 가족이 두 가지 방식 중 하나로 아버지를 잃었다. 죽음으로든, 트라우마로 인한 것이든.

스페인 작가 알무데나 그란데스 Almudena Grandes 는 소설 《빵 위의 키스》에서, 바닥에 떨어진 빵 조각을 주워 입맞춤하는 관습이 부모한테서 자녀들에게로 전해지는 걸 묘사한다. 그것은 굶주리던 시절에 생긴 전통이다. 비록 그 시기는 지나갔고 굶주림이 '우리에게는 이제 낯선 유산'이 되었지만, 빵에 키스하는 행동은 여전히 우리와 함께 식탁에 남아 있다. 할머니들은 생선을 튀길 때 사용한 계란도 버리지 않는다. "하지만 우리는 슬픔을 기억하지는 않는다"라고 그란데스는 썼다. 과거의 굶주림은 이제 역사적 지식일 뿐, 감정적으로는 더 이상 실감할 수 없다.

아버지는 집안 남자들이 이어온 침묵의 전통에서 벗어나지 못했다. 그래서인지 종종 식사 중에 "나는 밥을 먹고 싶은 것이지 대화하고 싶은 게 아니야"라고 말하곤 했다. 이런 과묵함의 유산은 내 어린 시절 기억에도 스며들어 있다. 그러나 아버지는 잘하려고 노력했다. 그는 언제나 우리 곁에 있었으며, 전쟁에 참전하지 않아도 되었다. 이성적인 말투만 유지하면 어떤 주제로든 대화할 수 있었다. 학교 발표 과제를 도와달라고 요청할 때처럼 차분하게 말하기만 하면 되었다.

슬픔과 견딜 수 없을 정도의 침묵이라는 유산이 나에게까지 전해지지는 않았다. 그러나 침묵은 오늘날까지도 여전히 남아 있으며, 때때로 깨지기는 하지만 완전히 사라지지는 않는다.

트라우마 전문가 도리 라우브 Dori Laub와 나넷 아우어한 Nanette Auerhahn은 트라우마가 가족관계를 어떻게 망가뜨리는지 연구했다. 그들은 트라우마가 '친밀함에 장벽'을 만들어낸다고 설명한다. 어떤 경험은 너무나 본질적인 나머지 완전한 고립감, 버려진 느낌 그리고 상실감을 불러일으킨다. 의지할 수 있는 사람이 아무도 없으며, 누구와도 공감할 수 없고, 심지어 자기 자신과의 연결 고리마저 끊어진다. 자기 자신에게조차 말할 수 없는 것은 언어로 표현할 수 없으며, 언어로 표현할 수 없는 것은 기억할 수 없다. 오직 이미지만이 거듭해서 떠오른다.

연구에 따르면 비자발적인 나쁜 기억은 전쟁, 집단학살, 문명 파괴적인 극단적 공격성 이후에만 나타나는 것이 아니다. 세계사적 관점으로는 작은 사건처럼 보일지라도 개인의 삶에 큰 타격을 줄 수 있으며, 이런 것들은 시간이 지나도 사라지지 않는다. 우리는 그런 것을 적절히 표현할 수 있는 말을 찾지 못한 채, 오직 혼자 끊임없이 반복해서 경험할 뿐이다. 그런 경험은 우리가 무기력한 상태에서 겪게 된다. 그러나 이 같은 경험에는 우리가 한 행동도 그리고 때로는 해야 할 행동을 하지 않은 것도 포함된다.

시리 허스트베트는 '뇌 문신 Brain Tattoos'이라는 개념을 사용한다. 오늘날 신경과학은 뇌의 구조가 꾸준히 변화한다는 것을 알고 있는데, 이러한 특성을 '신경 가소성'이라고 한다. 신경세포는 새롭게 또는 이전과 다르게 연결된다. 생애 초기에는 이러한 현상이 두드러지지만, 이후에도 뇌 조직은 고정된 상태로 머물러 있지 않는다. 특정 경험은 뇌에 '상처'를 남길 수 있다.

나는 영화 속 밤비의 엄마가 숲속에서 죽는 장면을 떠올린다. 하지만 아버지와 함께 영화관에서 그 장면을 실제로 본 적은 없다. 영화에서는 단지 총소리만 들린다. 그리고 눈 위에 찍히던 엄마의 발자국이 멈추고, 밤비는 엄마를 애타게 부른 뒤 귀를 쫑긋 세운다. 그러나 아무 대답도 들을 수 없다. 영화를 보는 동안 등에서 식은땀이 마치 피처럼 흐르는 걸 느꼈다. 나중에 펠릭스 잘텐Felix Salten의 원작 소설을 읽었지만, 책에서도 그 장면에서는 총소리만 묘사되어 있다. 밤비는 "엄마가 쓰러지는 모습을 본 것 같지만, 정말로 쓰러졌는지를 확신하지는 못한다. 그는 눈앞에 안개가 낀 듯한 기분이 들었다".

우리 가족은 어머니의 사망 사고에 대해 꼭 필요한 최소한의 이야기만 나눴다. 감정이 배제된 객관적 설명과 기술적·의학적 원인만 논의했다. 장례식 이후로도 우리는 이 사건을 저마다 홀로 감당해야만 했다.

아버지가 눈을 뜬다. 낮잠 시간에는 오랫동안 깊은 잠을 자지 못한다. 기억이 사라지면서, 아버지는 더 이상 거부하는 태도를 취하지 않는다. 이제는 아버지와 함께 《1867년 이후의 가족 연대기》를 보는 것도 가능하다. 그것은 아버지의 사촌들이 제작해서 인쇄한 책이다. 아버지가 아직 예전 집에 살았을 때는 그 책을 한쪽에 치워둔 채 열어보지 않았다. 내가 그 안에서 무언가를 찾아 보여주려고 하면, 아버지는 시선을 돌리고 아무 말도 하지 않았다.

이제는 질문을 할 수 있고, 아버지는 놀라울 정도로 빠르고 확실하게 대답한다.

"그때 〈밤비〉는 누구랑 봤어요?"

"어머니랑."

"몇 살 때 아버지를 처음 만났어요?"

"열 살에."

1953년에 만났다면 '베른의 기적'이 일어나기 바로 전해의 일이다. 그리고 영화 〈베른의 기적〉이 개봉하기 50년 전의 일이다.

나는 요양보호사가 작성한 기록 일지를 매달 출력해서 읽는데, 거기서 "피보호자가 자신의 어머니에 대해 물었다"라고 쓴 내용을 발견한다.

내가 대학에 다니던 시절, 어머니가 아직 살아 계시고 우리가 함께 눈 위에 발자국을 남기던 당시, 몇몇 친구는 내 성인 키츠Kitz가 '새끼 사슴'을 뜻한다는 이유로 나를 '밤비'라고 부르곤 했다.

아버지는 자신의 아내이자 우리의 어머니에 관해 꽤 오랫동안 거의 아무 말도 하지 않았다. 우리는 어머니의 사진을 아버지 방에 두었다. 아버지가 식사와 음료를 즐기는 탁자 바로 옆, 아버지가 초점 없는 눈으로 밖을 내다

보며 "오늘 날씨는 어떻지?"라고 묻곤 하는 창문 바로 앞에 두었다. 사진 속 어머니는 침대 옆 테이블에 두곤 하던 안경을 썼고, 목에는 아버지가 생일날에 선물한 목걸이를 하고 있었다. 아버지는 매우 드물게 마치 실수처럼 "네 엄마가 없어서 안타깝다" 같은 말을 내뱉곤 했다. 나는 노년에 치매 같은 질병으로 인해 수십 년을 자신과 함께한 배우자의 존재를 지우개로 지우듯 잊어버리는 일이 드물지 않다는 글을 읽은 적이 있다.

지난 몇 주 동안 아버지는 당신 아내의 사진이 들어 있는 액자를 들고서 이 방 저 방 돌아다니곤 했다. 사진을 여기저기 옮겨놓다가 다시 두 손으로 액자를 가슴에 꼭 끌어안았다.

"이게 뭔지 알아?" 아버지가 나에게 묻는다. 대답이 필요해서가 아니라, 이게 무엇인지 내가 알고 있나 확인하려는 듯이 보인다. 내가 고개를 끄덕이면, 아버지도 고개를 끄덕인다.

"이걸 꼭 간직하고 싶어." 아버지는 말한다.

우리는 최근에 자주 사진 앨범을 꺼내 본다.
비자발적인 기억들이 갑자기 아버지에게 다가갈 수 있는 길을 열어줄 수 있을 것 같았다. 그것이 아버지에게 자신의 삶에 다가갈 수 있는 길을 열어줄 것 같았다.

노인학자 나오미 페일 Naomi Feil 은 어린 시절 독일에서 미국으로 이민을 갔는데, 당시 그의 아버지가 요양원을 운영했다. 페일은 자기보다 몇십 년 더 오래 살아온 사람들의 세계가 자신의 생활 중 일부를 이루고 있다고 말한다. 그리고 노인들, 특히 치매를 앓는 사람들의 비자발적 기억이 미처 처리되지 않은 사건이나 해결되지 않은 인생의 과제를 나타낸다고 간주한다.

나는 아버지가 종종 방 안을 이리저리 오가며 무언가 해야 할 일이 있다고 말하면서도, 정작 그게 무엇인지 정확히 알지 못하겠다고 하던 일을 떠올릴 수밖에 없다.

고령자를 돕고 싶은 사람들이 해야 할 과제는 남은 시간 동안 그들이 과거를 정리할 수 있게 돕는 것이라고 나오미 페일은 말한다. 이를 위해 그는 '인정 치료Validation' 방법을 개발했다. 이는 상대방을 바꾸거나 치유하려 하지 않고, 교정하거나 진정하려 하지 않고, 있는 그대로 받아들이는 것이다. 그 대신 질문, 눈 맞춤, 터치, 음악, 사진 등을 통해 감정을 표현하고 받아들일 수 있게 격려한다. 어쩌면 인생에서 처음으로 감정을 드러내는 기회가 될 수도 있을 것이다.

나오미 페일은 반복적인 움직임을 통해서도 감정이 표현될 수 있다고 설명한다. 나는 아버지가 테이블을 문지르거나, 떨어지지도 않은 물건을 집어 올리는 듯한 동작 그리고 이유는 알 수 없지만 불쾌함을 드러낼 때 무얼 획획 내던지듯 손짓하던 모습을 떠올린다.

팬데믹 시기에 독일연방군이 요양원에 지원 인력을 보내자 아버지는 "집에 군인들이 있어"라고 말했다. 그리고 "아마 우리가 그들을 필요로 할 경우를 대비해서 보냈나 봐"라고 덧붙였다.

나는 나오미 페일이 내준 과제를 어떻게 하면 제일 잘 해낼 수 있을지 알기 위해 계속 다양하게 노력하고 있다. 그것이 매우 좋은 과제라고 생각한다. 나이, 질병, 고통스러운 기억에 맞서 싸우는 것이 아니라 그것들과 함께 싸우는 것이기 때문이다. 그래서 고통스러운 기억들도 때로는 '소중한 파편들'이 될 수 있다.

레지던스에 도착해 엘리베이터에서 내린다. 아버지가 복도에 서 있다. 혼자서.
"내가 실수로 아내가 죽었다고 말했어."
"엄마 돌아가신 거 맞아요."
"아, 그렇구나…."
"그렇지만 아주 오래전 일이에요." 내가 말한다. "18년 전."
아버지가 나를 향해 팔을 뻗으며 말한다. "아, 사랑해."

8

현장
봉인

현장

봉인

    2021년 11월 1일 월요일에 우리는 아버지 집에서 출발했다. 구름이 낀 날씨였고, 오전 8시 30분에 바깥 온도는 섭씨 8도였다. 걱정했던 것보다 빠르게 자동차에 모든 짐을 실을 수 있었다. 커다란 여행 가방 두 개 사이에 카펫도 하나 넣고, 그 외에 스탠드 조명도 실었다. 카펫과 스탠드 조명은 모두 오래전 아버지가 성장한 니더라인 지역의 할머니 집 거실에 있던 물건이다. 하루 전날 내가 실수로 차고 문에 부딪혀 부러뜨린 자동차 안테나는 내가 청소년 시절 사용하던 전기 실험 키트에서 꺼낸 초인종 전선으로 대체했다. 이 전선을 테이프로 감아 지붕에 고정했다. 긴 여행 중에 조금이라도 즐길 거리가 필요했다.
    자동차는 차고 앞에 대기하고 있었다.
    우리는 아버지가 43년 동안 살았던 집을 한 바퀴 돌며 방을 차례로 보여드렸다.

먼저 지난 17년 동안 혼자 잠자리에 들었던 더블 침대가 있는 침실로 안내했다.

그리고 아버지의 앞치마가 아직 걸려 있는 주방으로 안내했다.

그다음엔 다이닝룸으로 갔다. 구석 벤치 의자가 아버지의 자리다. 아버지는 그곳에 앉아 맞은편 언덕의 들판 위에서 풀을 뜯는 양들이며 멀리서 떨어지는 눈송이를 바라보는 걸 좋아했다. 멀리서 떨어지는 눈송이가 창문 앞으로 떨어지는 눈송이보다 더 빠르게 내리는 것 같다고 했다.

저녁 8시 정각이면 레지던스의 접수처는 문을 닫을 것이다. 그전까지는 도착해야 한다. 우리의 내적 불안은 기관총처럼 빠르게 요동쳤지만, 우리는 아버지에게 충분한 시간을 드리기로 했다.

아버지는 우리가 떠난다는 것을 이해했다.

그러나 그것이 작별이라는 것을 이해하지는 못했다. 공식적으로는 '우선 4주 동안 시험 입주'를 하는 것이다. 이동하는 동안 나는 레지던스에서 걸려오는 전화를 받을 것이다. 앞으로 상황이 어떻게 전개될지 너무나 명확한데도 계약을 정말 한 달로 설정할 생각인지 분명 물어볼 것이다. "그렇게 약속했으니 어쩔 수 없죠." 나는 이렇게 대답할 것이다.

아버지는 우리가 베를린으로 출발한다는 것을 이해했다.

하지만 그것이 차를 타고 온종일 달려가야 하는 먼 거리라는 사실은 이해하지 못했다. 아버지가 말했다. "만약 내가 무얼 잊어버렸다면, 언제든 돌아와서 다시 가져가면 돼."

마침내 우리는 거실에 섰다. 아버지는 외투를 걸치고, 신발을 신고, 목도리를 걸친 모습이다. 방 한가운데서 아버지가 천천히 시선을 움직인다. 시선이 어머니의 사진들이 모여 있는 장식장을 지나, 녹갈색 유리문 뒤로 고급 도자기 잔의 윤곽이 보이는 주방 장식장을 향한다(부모님이 결혼식 선물로 받았지만 한 번도 사용하지 않은 것이다). 그리고 당신이 종종 연주했던 피아노 건반을 지나, 낮잠을 즐기던 안락의자를 바라본다. 오랜 세월을 살아남은 부부 공동 유언장을 비롯해 각종 문서가 보관되어 있는 벽장을 지나, 소파를 바라본다.

그 자리에는 한때 소파 침대가 있었는데, 우리 어머니의 어머니, 즉 외할머니가 위층에 살던 시절, 부모님은 우리에게 방을 내주고 매일 저녁 그 소파를 펼쳐 침대로 사용하곤 했다. 그리고 나는 잠들지 못할 때—그런 일이 꽤 자주 있었는데—살짝 열려 있는 거실방 문 앞에 몸을 기대고 선 채 조용히 어둠 속 소리에 귀를 기울이며 기다렸다. 아버지가 "들어와라"라고 말하며, 따뜻하게 데워진 어머니의 옆자리를 내게 양보한 다음 내 침대로 갈 때까지.

아버지가 잠시 가만히 멈춘다.

문득 여섯 살 난 조카가 말한다. "할아버지, 이제 다시는 여기로 돌아올 수 없을 거야."

조카는 '다시는'이라는 단어를 강조한다.

아버지가 집 안을 천천히 돌아보던 모습과 조카의 목소리가 내게는 그 어떤 것보다도 '마지막 순간'을 의미하게 되었다. 그것은 우리가 현재를 떠나 그것을 뒤로 남기고 마무리하는 것, 또한 사건이 마침내 과거가 되고 경험이 최종적으로 기억에 저장되는 과정을 상징한다. 아버지가 그날 아침 집을 떠나면서 문을 닫았을 때, 그분에게는 되돌아올 수 있는 길이 사라진 것이다. 그런 사실을 깨닫지 못한 것이 아버지에게는 별 도움이 되지 않는다.

마치 누가 아버지 뒤에서 폴리스 라인 테이프를 붙이고, 그분의 인생이 펼쳐졌던 사건 현장을 봉인한 것만 같았다.

그 뒤로 1년이 지난 지금, 나는 베를린에 있는 아버지 방으로 올라간다. 하루 종일 소리를 지르는 한 입소자의 방을 지난다. 복도에서 더러운 빨래를 수레에 정리해 담던 간호사가 나를 보고는 놀란 표정을 짓는다. "아버님이 오늘은 당신이 오지 않을 거라고 하셨어요. 다퉜다고 하시던데."

전날 우리는 산책을 했다. 맑은 날씨 덕분에 12월인데도 마치 봄 같았고, 거리에서는 사람들이 대화를 나누고 있었다. 아버지의 얼굴빛은 건강해 보였고, 움직임에서 결단력이 느껴졌다. 그 모습이 마음에 들었다. 아버지는 기분이 좋아 보였다. 그러다가 하마터면 자동차에 치일 뻔했다. 많은 차들이 오가는 교차로에서 기다리고 있을 때, 아버지가 갑자기 혼자 길을 건너려고 발을 내디딘 것이다. 나는 쌩하고 지나가는 차 앞에서 아버지를 재빨리 잡아당겼다. 하마터면 우리는 차바퀴 아래에 깔릴 뻔했다. 나는 빨간 신호등을 가리키며 아버지에게 소리쳤다.

그렇게 종종 인내심을 잃는 날이 있다. 아버지한테 약을 드리겠다고 간호사에게 약속했는데 아버지가 약을 삼키지 않으려고 할 때, 서서 먹겠다고 고집을 부리다가 음식을 전부 바닥에 떨어뜨릴 때, 소변이 마렵다고 해서 화장실에 데려가 바지를 내리는데 자꾸 바지를 올리려고 할 때, 반대로 외출 준비를 위해 바지를 입혔는데 계속 바지를 벗으려고 할 때, 산책에서 돌아오는 길에 해야 할 일들이 생각나 마음이 조급해지는데 마치 누가 브레이크를 계속 밟기라도 한 것처럼 걸음마다 멈춰 서서 바닥을 바라볼 때. 그러면 나는 화가 나서 소리친다. "그만 좀 해요!"라고 말하며 씩씩거린다. 그런데 더 끔찍한 일은, 종종 그게 효과가 있다는 것이다. 내가 목소리 톤을 바꾸면 아버지는 정신을 차리고, 그로써 상황이 나아진다.

우리는 일주일에 한두 번, 최소 두 시간씩은 만난다. 그만큼 내가 인내심을 잃을 기회가 많다는 뜻이다.

인내심을 잃은 날에는 한 시간쯤 더 아버지 곁에 머무른다. 아버지가 불쾌한 감정을 잊어버리길 바라면서. 어제도 신호등 사건 이후 우리는 카페에 가서 오랫동안 앉아 있었다. 케이크 두 조각을 먹은 아버지는 만족스러워 보였다. 그렇게 좋은 시간을 보냈다.

그런데도 나는 잠을 제대로 이루지 못했다. 아버지의 기억에 내 모습이 내가 원하지 않는 방식으로 남을까 봐 몹시 두렵다. 이미 벌어진 일을 더는 바꿀 수 없다는 사실이 두렵다. 다음 날 아버지가 돌아가시거나 나를 더 이상 알아보지 못해서 현장이 그 상태 그대로 봉인되어버릴까 봐 두렵다. 그런 위험은 지극히 현실적이며, 언제든 일어날 수 있다.

나는 급한 걸음으로 달려가 아버지의 방문을 두드린다. 방문을 활짝 연다. 아버지는 한 발로 서서 양말을 벗으려 하고 있다. 라디오가 켜져 있다. 아버지가 나를 보더니 환하게 웃는다. "네가 와서 기쁘구나." 그러고는 한쪽 손을 뻗어 내게 내민다.

이번에도 별일 없이 잘 지나갔다는 사실에 안도한다.

우리가 더 이상 변화시킬 수 없는 순간을 '임계점'이라고 한다. 그 지점을 넘어가면 우리는 사건을 '돌이킬 수 없는' 것으로, 손실을 '되돌릴 수 없는' 것으로, 실패를 '만회할 수 없는' 것으로 간주한다.

아버지가 이곳 베를린으로 이사 와서 내가 정기적으로 만나게 된 이후, 나는 임계점에 대한 생각에 사로잡혀 있다. 나는 어느 순간에 현재가 과거가 되어버리는지, 그 순간을 어떻게 알아차릴 수 있을지 궁금하다. 그러나 그 답을 아직 찾지 못하고 있다.

우리에게는 SF 영화에 등장하는 타임머신이 없다. 우리는 과거로 순간 이동을 해 행동과 결정을 되돌릴 수 없다. 그렇지만 반복처럼 느껴지는 순간들이 있다. 우리가 어떤 일을 여러 번 또는 끊임없이 반복할 때, 말 그대로 그 순간을 '다시 가져오는' 것처럼 보인다. 우리는 그 순간을 새롭게 불러오는 것이다.

1843년 쇠렌 키르케고르Søren Kierkegaard는 《반복》에서 '실험심리학의 시험'을 설명한다. 그는 우리의 삶에서 마치 반복되는 듯이 보이는 장면들이 실제로 반복되는 것인지 알아내기 위해 애쓴 결과, 오직 반복되는 것, 즉 익숙한 것을 다시 경험할 수 있을 때 우리가 행복을 느낀다고 했다. 그는 현재 일어나고 있는 반복과 과거를 향한 기억과 미래에 대한 희망을 구분한다.

"희망은 새옷과 같다. 뻣뻣하고 매끄러우며 반짝이지만, 한 번도 입어본 적이 없기에 그것이 나에게 어떻게 어울릴지, 또 어떤 느낌일지 알 수 없다. 기억이란 한때는 즐겨 입었지만 이제는 맞지 않는 옷과 같다. 아무리 아름다웠다 해도, 이미 몸이 자라버렸기 때문에 그 옷은 더 이상 맞지 않는다. 반복은 아무리 입어도 닳지 않는 옷과 같다. 단단하면서도 부드럽게 몸에 맞아, 조이지도 않고 헐겁지도 않다." 기억은 그에게 '배고픔을 채워줄 수 없는 보잘것없는 동전'에 불과했지만, 반복은 '축복으로 배를 채워주는 일용할 양식'을 의미했다.

그러나 키르케고르는 실제로 반복이 존재하는지 확신하지 못했다. 이를 확인하기 위해 그는 예전에 한 번 방문한 적이 있는 베를린으로 여행을 떠난다. 그러나 그곳의 상황은 예전 같지 않았다. 그가 묵었던 숙소의 주인은 '변했고(그는 결혼했다)', 왕립극장에서 자주 앉던 자리를 구하지 못해 다른 자리에 앉아야 했다. 그는 이전에 했던 행동을 똑같이 반복했지만, 모든 게 예전과 조금씩 달랐다. 진정한 반복은 이론으로만 존재했다.

키르케고르에게는 그러한 사실이 실망스러웠겠지만, 그것이 우리에게는 어쩌면 마지막 기회의 가능성을 열어주는지 모른다. 익숙한 것을 다시 반복하되 조금 다르게 해보는 것이다. 이는 우리에게 수정할 수 있는 기회를 준다. 단순히 후회하는 데 그치지 않고, 그 후회를 행동으로 옮기는 것이다. 형법에서는 이를 '행동하는 후회'라고 한다. 해야 할 행동을 하지 않았을 때 만회하는 것, 행동의 결과를 되돌려놓는 것, 자신이 붙인 불을 스스로 끄는 것, 다음 기회에 어떤 사람과의 관계를 바로잡는 것 등이 이에 해당한다.

다음 기회가 마지막 기회가 되는 건 과연 언제일까?

내가 뉴욕에서 공부할 때, 세계무역센터 북쪽 타워 107층에 바Bar가 있었다. 그 바의 이름은 '세상을 향한 창

Windows on the World'이었다. 매주 화요일이면 학생들 사이에 인기 있는 파티가 거기에서 열렸다. 그곳은 분명 숨이 멎을 만큼 멋졌을 것이다. 나는 종종 친구들과 함께 그 파티에 참여하고 싶었지만, 번번이 미루며 농담처럼 말했다. "타워는 다음 주 화요일에도 여전히 그곳에 있을 거야"라고. 2001년 9월 11일 화요일, 우리는 드디어 그곳에 가기로 했다. 그러나 그날 아침 10시 28분, 세계무역센터가 무너졌다. 나는 기숙사 앞 거리에 서서 그 모습을 지켜보았다. 검은 연기와 창문에서 점처럼 떨어져 내리는 절망적인 사람들을 목격했다.

한 학년이 끝난 2002년 5월, 당시 뉴욕대학교 법학부 학장인 존 섹스턴John Sexton이 연설을 했다. 연설에서 그는 9월 11일에 대해 언급하지 않았다. 대신 그 전날인 9월 10일에 대해 말했다. 그날 뉴욕의 다양한 장소에서 식사, 커피 또는 대화를 위해 만났던 사람들을 기억했다. 그날은 지극히 평범한 날이었다(여러 차례 강조되는 것과 마찬가지로 9월 11일도 지극히 평범한 날로 시작되었다). 섹스턴은 그 다음 날 더 이상 존재하지 않게 된 사람들과 장소들을 떠올렸다. 갑자기 2,500명 이상의 사람들이 뉴욕에서 사라졌고, 전날까지 갈 수 있었던 몇몇 장소도 사라진 것이다. 그는 연설을 마치면서 말했다. "저는 9월 10일이 좋았습니다. 그리고 그날이 그립습니다."

그 뒤로 약 2년 반이 지나 내 어머니가 갑자기 돌아가셨을 때, 친구들, 심지어 별로 친하지 않은 지인들까지 나에게 그들이 받은 충격을 전했다. 그들은 내 어머니의 갑작스러운 죽음보다, 자신의 어머니가 한순간에 사라질 수 있다는 생각에 더욱 놀란 것 같았다. 그들은 자기 어머니와 아직 해결하고, 정리하고, 바로잡아야 할 일이 많다고 했다. 그러나 나에겐 이제 그것이 불가능해졌다며 안타까워했다(내가 묻지도 않았는데, 그렇게 말했다).

어머니와의 마지막 포옹에서, 그것이 마지막인지 몰랐다.

어머니와의 마지막 다툼에서, 그것이 마지막인지 몰랐다.

어머니와의 마지막 통화에서, 그것이 마지막인지 몰랐다.

그것이 마지막인지 몰랐을 뿐 아니라 그런 상상조차 하지 못했다. 어머니는 건강하고 강하게 삶을 살아왔고, 세상에서 가장 조심스러운 운전자 중 한 명이었기 때문이다.

어머니가 돌아가신 뒤, 이전에는 언제든지 반복될 수 있을 것 같던 일들이 마지막이라는 색채를 띠게 되었다. 마지막 순간들은 회상을 통해서야 비로소 알게 되며, 우리는 그것을 기억 속에서 인식하게 된다. 소중하고 아픈 감정을 일으키는 그 순간들을 보물처럼 골라내 보존한다. 현장은 봉인되었고, 되돌아갈 수 없으며, 나는 아무것도 바꿀 수 없다.

사회학자 야노슈 쇼빈Janosch Schobin은 습관이 우리에게 '무한에 대한 허구'를 제공한다고 말한다. 이 허구는 '죽음에 대한 인간의 두려움'을 억제하는 데 도움을 준다. 일상의 루틴, 거듭되는 비슷한 패턴 그리고 같은 사람들과의 규칙적인 만남은 우리의 행동을 무한히 수정할 수 있을 것 같은 착각을 불러일으킨다.

알프레트 쉬츠도 비슷하게 말한다. 우리의 사고와 행동은 '근본적인 염려', 즉 덧없음과 유한함에 대한 인식에 따라 좌우된다. 즉 '나는 내가 죽을 것을 알고 있으며, 그것이 두렵다'는 것이다. 그러나 우리는 그런 생각을 떨쳐내고 미래에 대한 생각을 단순화함으로써, 모든 게 변함없이 계속 이어지리라는 믿음을 품고 삶을 살아간다. 쉬츠는 이를 '계속해서'와 '언제든 다시'라는 생각의 이상화라고 말한다.

그러나 모든 '사건 현장'은 언젠가 봉인된다. 그것은 우리가 안고 살아가며, 죽음까지 함께하는 삶 전체를 구성하는 일부가 된다.

어쩌면 나는 마지막 순간이 어떻게 다가오는지를 이미 두 번이나 매우 인상 깊게 경험했기 때문에, 내가 그런 순간에 충분히 주의를 기울이고 있는지 자주 묻게 되는 듯하다. 마지막 순간은 알아차리기 어려울 때가 많다.

첫 순간은 언제나 명확하다.

하지만 마지막 순간은 그렇지 않다.

가끔은 이별이나 끝이 다가온다는 게 분명히 느껴질 때가 있다. 그리고 한번 돌아서고 나면 다시 돌아갈 수 없다는 것도 분명해진다.

때로는 이별이나 마지막 순간을 짐작조차 할 수 없다. 우리는 안전하다고 느낀다. 내가 뉴욕에 대해 그리고 어머니에 대해 그렇게 느꼈던 것처럼.

또한 마지막이 될 수 있겠다는 느낌이 묘하게 섞인 경우도 있다. 어린 시절 조부모님 생신에 초대받았을 때 그랬다. 그리고 이제는 아버지와의 모든 만남, 모든 스킨십, 모든 시선, 주고받은 모든 말과 하지 못한 말이 그렇다.

신호등 사건 다음 날, 아버지는 약 반 시간 동안 나를 동생으로 착각했다. 아버지는 침대에 앉아 있고 나는 맞은편 의자에 앉아 있었다. 아버지는 나를 동생으로 생각하고 말한다. 내가 아버지에게 화를 냈다고, 또한 분명 자신이 무얼 잘못한 것 같다고.

아버지에게 화를 낸 것이 미안하다.

그리고 아버지가 나를 동생 이름으로 부르는 것이 불편하다. 아버지가 나를 더 이상 알아보지 못하는 순간이 어떨지 상상해보려고 한다.

사회복지사 카타리나 렌슈 Katharina Rensch는 치매 환자의 가족에게, 환자가 그들을 더는 알아보지 못하게 된 경험에 대해 물었다. 모두 그 순간을 중요한 전환점으로 묘사한다. 그리고 많은 사람이 그 순간 그들을 돌봐야 한다는 의

무감이 사라졌다고 말한다. 한편으로는 함께한 역사, 공유한 현실, 소속감의 토대가 사라지는 것이다. 다른 한편으로 가족구성원은 이제 자신이 대체 가능한 존재가 되었다고 느낀다. 또 어떤 이들은 부모가 자신을 더 이상 알아보지 못하는 것을 서운하게 느끼기도 한다.

그러나 '더 이상 알아보지 못하는 과정'이 정확히 어떻게 일어나는지에 관한 세부 내용은 어디에서도 찾아볼 수 없다. 그런 일은 어느 날 갑자기 일어나는 건가? 저녁에는 아들이었는데, 이튿날에는 갑자기 모르는 사람이 되는 건가? 아니면 서서히 진행되는 건가? 아버지가 가끔 나를 동생 이름으로 부를 때 걱정해야 될까? 아니면 그것은 아직 좋은 징후일까? 무엇을 주의해야 하고, 무엇을 기대해도 되는 걸까? 나는 그 대답을 알지 못하며, 그래서 불안하다.

이 책을 쓰기 전, 나는 아버지와 이 작업에 관한 이야기를 나눴다. 우리는 아버지의 방 테이블 앞에 함께 앉아 있었고, 커튼은 활짝 열어둔 상태였다.

"기억과 가족에 관한 책을 쓰고 싶어요"라고 내가 말했다. "그리고 아빠에 관해서."

아버지는 고개를 들어 눈을 크게 뜬 채 내 얼굴을 바라본다. 매우 집중한 표정이다. 지난 몇 년간 거의 본 적이 없는 모습이다.

"어떻게 생각해요?"

아버지는 고개를 끄덕였다. "아주 좋은 생각이야. 사람들은 분명히 관심을 기울일 거야."

그러고는 다시 한번 "좋은 생각이야"라고 말하더니 고개를 끄덕인다.

또 잠시 생각한 뒤 "단, 너무 개인적인 내용은 아니어야 해. 그러면 사람들은 더 이상 관심을 두지 않을 거야"라고 덧붙인다.

이 대화는 동의에 가까웠지만, 결국 최종 결정은 나 혼자 내려야 했다. 아버지는 '개인적인 것'과 '너무 개인적인 것'에 대한 결정을 나에게 맡겼다. 나는 아버지의 지침을 다음과 같이 해석한다. 너무 개인적인 경험이란, 그것이 지나치게 특수하거나 그 이야기 속에서 다른 사람들이 자기 자신을 발견하지 못해 충분한 관심을 기울이지 못하는 것을 뜻한다.

그러나 내가 조사하면 할수록, 매우 개인적이고 유일무이한 듯이 보이는 일조차 얼마나 일반화할 수 있는지를, 그것이 얼마나 많은 가정에서 반복적으로 발생하는지를 점점 더 알 수 있게 되었다. 거기에는 노화와 질병의 과정, 그것들이 서서히 다가오는 방식과 그러한 문제가 놓여 있는 사회적 조건, 가족관계의 미세한 변화, 걱정, 두려움, 긴 밤들, 웃음 등이 포함된다. 나는 이 책이 매우 개인적이 될 것이며, 그렇게 될 수밖에 없음을 점점 깨닫는다.

아버지가 살아 있는 동안 이 책을 쓸 수 있을까? 또는 더 나아가서 출판할 수 있을까? 사람들은 글쓰기의 대상이 세상을 떠날 때까지 기다리지 않던가? 그것이 예의 아니던가?

그에 대한 고민이 깊어질수록, 지금 바로 책을 써야겠다는 결심은 더욱 확고해졌다. 죽음을 기다리는 것은 예의가 아니라 오히려 비겁하게 느껴졌다. 거의 매일 눈을 마주치는 상대에 관해 글을 쓰려면 더 많은 용기가 필요하다. 미화할 가능성이 사라지기 때문이다.

무엇보다도 아버지가 살아 있을 때 쓰는 것이 사망한 후 아버지에 관한 기억을 기록하는 것보다 낫겠다고 생각했다. 나는 아버지와 그의 삶 그리고 질병에 관해 쓰는 것이 내 안에 새로운 깨달음을 가져올 것이며, 그게 우리 두 사람에게 도움이 되리라고 믿었다. 아버지가 더 이상 살아 있지 않을 때까지 기다린다면, 내 깨달음은 아무런 도움도 되지 못할 것이다. 그랬다면 나는 감당하기 힘든 짐을 짊어진 채 아버지 무덤 앞에 서 있게 될 것이다.

'미래를 망친다'라는 표현이 있다. 그런데 나는 과거도 망칠 수 있다고 생각한다.

현재가 과거가 될 때, 권력의 변화가 발생한다. 현재에 대해서는 우리가 어느 정도의 권한이 있다. 비록 그 효과가 제한적이라 할지라도, 우리는 몇 가지 일에 영향을 미칠 수 있다. 그러나 현재가 과거가 되는 순간, 그것은 우리의 영향력에서 벗어난다. 그렇게 되면 오히려 과거가 우리를 지배한다.

때때로 이런 생각이 너무 힘들 때, 나는 학창 시절 종교 과목 선생님을 떠올린다. 그는 현실을 시야에서 놓치지 않으려고 노력했다. 기존의 어떤 교재도 마음에 들어 하지 않았기 때문에 자신이 직접 만든 교재를 썼고, 그 교재를 복사해 우리에게 나누어주었다. 그가 했던 많은 말이 내 기억에 남아 있다. 한번은 우리에게 대략 이런 말을 한 적이 있다. "우리가 모든 사람과, 특히 부모님과 항상 서로를 잘 이해하고 지낸다는 것은 비현실적인 일이며 또한 그럴 필요도 없다." 사람들이 서로 교류할 때 갈등과 다툼이 생기는 것은 지극히 정상이며, 그것은 걱정할 필요가 없는 일이며, 갈등이나 다툼을 없애려고 애쓸 필요도 없다고 했다.

키르케고르도 이렇게 말한다. "노년의 사람에게 웃음을 가져오는 과거가 있는 것만큼이나, 눈물을 요구하는 과거가 존재하는 것 또한 지극히 건강한 일이다."

나이 든 노인 중 삶 전체가 오로지 만족스러운 사건으로만 이루어진 사람은 없다.

나는 가끔 생각한다. 사건 현장이 우리가 누구와 조화를 이루고 있는 순간에 봉인될지, 아니면 갈등을 겪는 중에 봉인될지는 단순히 운에 달린 문제 아닐까? 삶은 조화와 갈등, 이 두 가지를 모두 제공하며, 그것이 밀물과 썰물처럼 번갈아가며 우리의 삶을 채운다. 그 삶이 어느 지점에서 갑자기 우연히 멈추는지가 정말 중요한 문제일까?

나는 숫자 8과 0이 그려진 케이크를 굽지 않을 것이다.
아버지는 자신의 생일을 함께 축하하지 못할 것이다.

새해가 시작된 지 19일째 되는 날,
베를린에 도착한 지
445일(두 번의 겨울과 한 번의 여름을 보낸 뒤)째 되는 날,
나는 이제 아버지에 관해
오직 과거형으로만 쓸 수 있게 되었다.

9

복원 가능한
　　　범위 안에
　　　　　있는 세계

복원 가능한 범위 안에 있는 세계

11개월 전, 내가 아버지 방에 들어갔을 때 놀란 눈빛으로 나를 돌아보던 모습이 떠오른다.

"너를 오랫동안 보지 못했구나." 아버지가 말했다.

"우리 둘 다 코로나에 걸렸었잖아요. 아버지가 먼저, 그 다음에 내가."

"그래서 어떻게 문제를 해결한 거야?"

"우리 둘 다 다시 건강해졌어요."

내 대답에 만족스러워하며 고개를 끄덕이던 모습이 떠오른다. 그리고 아버지는 매일 그러듯이 다시 방을 살펴보는 일에 몰두했다.

나는 혹시 아버지에게 병을 옮길까 걱정되어 오랫동안 친구들의 초대를 모두 거절했다. 그러나 이런 걱정은 2022년 봄에 예상치 못한 양상으로 전개되었다. 아버지가 다른 경로로 바이러스에 감염된 것이다. 아버지는 마치 죽은 사람처럼 보였다. 나는 보호복을 입고 침대 옆에 서서 숟가락으로 음식물을 아버지 입안에 넣어주었다. 셋째 날 아버지는 겨우 눈을 떴고, 넷째 날에는 내가 병에 걸렸다. 2주가 넘도록 나는 아버지를 방문할 수 없었다.

그 뒤, 삶은 다시 이전처럼 계속되었다.

당시 아버지와 나눈 대화가 내 기억에 생생하게 남아있다. 왜냐하면 그것은 모든 결핍 상태에서도 우리에게 살아갈 힘과 희망을 주는, 이전 상태로의 복원이라는 해결책을 제시해주었기 때문이다.

"우리는 다시 건강해졌어."

모든 게 계속되리라는 믿음 그리고 알프레트 쉬츠가 언급한 '계속해서'와 '언제든지 다시'라는 이상화 개념은, 우리가 갑작스레 마지막 순간을 맞이하게 되었을 때 단순히 충격만 주는 것이 아니다. 그것은 쉬츠의 말대로 우리가 과거를 '복원 가능한 세계'로 인식하게끔 한다. 문제가 발생하면 우리는 과거의 정상 상태로 돌아감으로써 그 문제를 해결하려고 한다.

그때 우리는 해결책에 대한 갈망이 전국적으로 그리고 전 세계적으로 광범위하게 확산한 시대를 살고 있었다. 이러한 갈망은 2년 동안 점점 더 커지더니, 마치 끝까지 팽팽하게 당겨진 스프링처럼 더는 늘어날 수 없는 한계에 다다랐다. 본래 상태로 돌아가길 기다리는 마음이

참을 수 없는 지경에 이르렀다. 우리는 병든 사람들이 회복하길 바랄 뿐만 아니라, 팬데믹이 끝나길 간절히 염원했다. 비상 상태에 적용되는 '조치들'이 해제되길 바랐다. 그다음에는 인플레이션이 '이전' 수준으로 떨어지길 그리고 전쟁이 끝나길 바랐다. 모든 곳에서 우리는 과거의 평온함과 그 안에서 반짝이던 정상 상태를 그리워하는 것처럼 보였다. 기억은 현재와 미래를 과거에 맞춰 재단하기 위한 틀이 되었다.

그렇지만 나는 이 틀이 과연 유용한지 의문을 품게 되었다.

아버지가 베를린으로 이사한 것은 마치 팡파르를 울리며 축하할 만한 엄청난 계획처럼 보였다. 우리는 레지던스를 선택했는데, 그곳은 병원 시설이 아니고 쾌적한 생활환경을 갖춘 곳이었기 때문이다. 베를린을 한눈에 내려다볼 수 있는 옥상 테라스가 있으며 벽난로를 갖춘 도서관, 카펫이 깔린 식당, 거울로 장식한 벽과 크루즈 선박에 있는 듯한 그랜드 피아노가 놓여 있다. 우리는 박물관, 영화관 그리고 극장에도 함께 가기로 했다! 이는 나 혼자만의 계획이 아니었다. 아버지의 계획이기도 했다. "나는 이 도시를 알아야겠어"라고 아버지가 말했다. 아버지가 베를린에 도착하기 전, 나는 아버지의 테이블 위에 내 남자 친구가 참여한 합창단의 콘서트 티켓과 프로그램 책자를 올려놓았다.

콘서트 전날까지도 나는 그 계획이 실현되리라고 믿었다.

그러나 결국 콘서트 티켓을 다른 사람에게 주었다.

아버지의 병은 우리에게 무자비한 방식으로 한계를 보여주었다. 아버지와 함께 식당이 있는 층으로 내려가는 일(그리고 식당에서 테이블까지 이동하고, 테이블에서 의자를 찾아 앉는 일), 방에서 화장실을 찾는 일(그리고 사용하는 일), 아버지를 외출 준비를 시키는 일, 엘리베이터를 타는 일, 건물 밖으로 나가는 일(그리고 밖에서 함께 이동하는 일, 카페에서 케이크를 골라 먹는 일, 크리스마스 마켓에서 뱅쇼를 주문해 마시며 아버지가 길을 잃거나 당황하지 않게 하는 일) 등은 이미 그 자체만으로도 몹시 힘든 과제라는 사실을 나에게 지체 없이 바로 알려주었다. 이 모든 게 신체적인 제약과는 관련이 없다는 사실을 상상하기란 어려운 일이다(아버지의 근육과 관절은 여전히 잘 작동했으며, 이 점은 아버지가 레지던스 체육대회에서 1등을 차지함으로써 증명되었다). 이는 일반적으로 눈에 보이지 않는 두뇌의 작동과 관련이 있다.

우리의 계획은 점점 더 소박해졌다.

아버지 구역의 관리자는 우리가 방을 아늑하게 만들기 위해 가져온 물건들을 하나씩 차례차례 다시 가져가라고 요청했다. 먼저 카펫을 치우라고 했는데, 아버지가 카펫 모서리에 걸려 넘어졌기 때문이다. 그다음에는 식탁보를 치우라고 했다. 아버지가 테이블 식탁보를 식기째로 한꺼번에 잡아당겨 모두 엎질렀기 때문이다. 스탠드 조명도 치워야 했는데, 아버지가 그것을 넘어뜨렸기 때문이다. 침대 옆에 놓여 있던 조명은 아버지가 그걸 안고 침대로 들어갔기 때문에 치워야 했다. 화분은 아버지가 흙을 먹었기 때문에 치웠다. TV는 오랫동안 손상을 입지 않고 잘 버텨주어 우리를 놀라게 했다. 그러던 어느 날 아침, 아버지 방에 도착하니 침대 앞에 TV가 박살이 난 채 떨어져 있었다.

이제 아버지 방은 병실처럼 보인다. 위험할 만한 물건은 하나도 없고 청소하기 쉬운 것만 남았다. 즉 병상만 남았다.

며칠마다 요양사가 레지던스에서 일어난 사건들을 얘기해줬는데, 그 이야기를 들으면 숨을 쉬기가 힘들었다. 아버지가 밤중에 낯선 방으로 들어가서 화장실을 사용하려 했다거나, 다른 사람 식탁에 놓인 음식을 먹었다거나, 영양부족에 시달리는 이웃의 고칼로리 셰이크를 마셨다는 등의 사고였다. 그 때문에 불평과 다툼이 발생했고, 때때로 몸싸움까지 벌어졌다.

아버지는 내가 아는 가장 온화한 사람 중 한 명이었지만, 자신을 씻기고 옷을 입히고 약을 먹이려는 사람들에게 강하게 저항했다. 아버지는 힘이 셌다. 이제는 요양사 두 명이 함께 아버지를 상대해야 했다.

나는 준비가 잘되어 있다고 생각했다. 아버지를 돌볼 시간도 잘 계획했다. 힘이 들 거라는 사실도 염두에 두었다. 그러나 단지 변화를 보는 것만으로도 어려움을 느낄 수 있다는 사실에는 대비하지 못했다.

  이전에도 절망감을 느껴본 적이 없지는 않았다. 하지만 이렇게 오래 계속되고 점점 더 심해지는 절망감은 처음이었다. 매번 다른, 지금까지 상상해본 적 없는 새로운 모습이다. 내가 자리를 비운 동안 어떤 일이 벌어졌는지에 대한 설명이 이어졌다. 나는 마치 추격자에게 쫓기는 듯한 기분이 들었다. 거리가 충분히 벌어졌다고 생각해 잠시 멈춰 숨을 고르려는 순간, 바로 뒤에서 추격자의 숨소리가 들리고 눈앞에서는 벽이 가로막고 있는 기분이다.

  레지던스에 들어서기 전, 나는 길가에 잠시 멈춰서 차가운 공기를 깊이 들이마시며 최악의 상황을 상상한 뒤 그것을 일단 받아들일 마음의 준비를 한다. 그러면서 적어도 그 상상보다는 나은 상황이기를 바랐다. 나는 일주일에 이틀은 요양사들과 거리를 두려 했다. 그렇게 하면 나쁜 소식에서 잠시 벗어날 수 있으리라 생각했다. 하지만 나는 거듭 충격을 받을 수밖에 없었다. 아버지가 능력을 잃어가는 과정은 내가 상상할 수 있는 범위를 훨씬 넘어섰기 때문이다.

  이러한 과정을 치매에서는 '발작'이라고 일컫는다.

  나에게 가장 충격적이었던 것은 아버지가 자신의 상황을 인식하는 방식이었다. 아버지는 요양사들을 침입자로 보았고, "그들이 나를 공격하면 무서워서 견딜 수가 없어"라고 나에게 털어놓으며 도움을 요청했다. 그러면서

"네 힘으로 그들을 이길 수 있겠어?"라고 물었다.

내가 그 두려움을 없애주지 못할 때면 아버지는 "너도 별수 없구나" 하며 실망했다.

당시 나는 한숨을 쉬고 싶다는 욕구를 자주 느꼈고, 그 욕구에 따라 자주 한숨을 쉬었다. 아침에 일어날 때, 자전거를 탈 때, 슈퍼마켓 선반을 바라보다가 한숨을 내쉬었다. 가끔 내 한숨 소리에 사람들이 돌아보기도 했다.

기분 전환을 위해 아버지 없이 혼자서 극장엘 갔다. 일정표에 따르면, 내가 본 작품은 보카치오의《데카메론》을 러시아식으로 각색한 카뮈의《페스트》였다. 그러나 마치 폭우 속에서 빠르게 움직이는 와이퍼 너머를 응시하듯 시야가 흐려 무대가 잘 보이지 않았고, 입은 반쯤 벌린 채 마치 다른 세계에 앉아 있는 기분이었다. 나는 아버지와 함께 가고 싶었던 식당에 가서 테이블보가 깔려 있지 않은 나무 테이블에 혼자 앉아 진한 맥주를 주문했다. 그리고 그 공간 안에서 들리는 대화의 조각들에 조용히 귀를 기울였다. 그 소리들은 내 귓가에 희미하게 울리다가 사라졌다. 그날은 금요일 저녁이었다.

나는 어디서나 아버지 이야기를 했다. 친구들을 만날 때도 아버지 이야기를 너무 많이 해서 가끔은 나 스스로도 불편함을 느꼈다. 내 경험 이야기로 친구들에게 부담을 주고 싶지는 않았지만, 어쩔 수 없었다.

이제 와서 생각해보면, 모든 고통과 어려움 그리고 두

려움은 기억이 만들어놓은 틀로 인해 생겨난다는 사실을 깨닫는다. 모든 걸 이전과 비교하기 때문에 더욱 견디기 힘들었던 것이다.

여기서 '이전'이란 때로는 몇년 전일 수도 있고, 때로는 바로 전날 저녁일 수도 있다. 나는 아버지가 단순히 이전 삶을 이어가기만 바란 것은 아니다. 나는 훨씬 더 과거로, 아버지가 집 밖에서 사람들과 어울리던 시절로 돌아가기를 원했다. 병과 함께 혼자서 시간을 보내지 않기를 원했다. 아버지가 걸을 수 있고 나와 가까이 살고 있었기 때문에 그 모든 일이 가능하리라고 생각했다. 그러나 레지던스를 선택할 때, 나는 내 기준에 맞는 아늑한 주거 환경을 고집했다. 하지만 그것이 아버지에게는 아무런 의미가 없었다. 내가 생각한 아늑함이 아버지에게는 오히려 위험한 요소가 되었다.

새로운 변화가 찾아올 때마다 나는 그것이 단지 일시적인 현상에 불과하기를, 단순히 운이 안 좋은 하루의 사건으로 끝나기를 기도했다. 그렇게 적어도 모든 것이 이전의 악화 상태, 즉 내가 이제는 겸허히 받아들이게 된 전날의 상태로 돌아가기를 바랐다. 그러나 내가 간절히 돌아가고 싶어 하는 시점까지의 거리는 점점 더 짧아지기만 했다.

나는 변화를 일으킨 원인을 찾으려 했다. 안압 문제로 새로 사용하게 된 안약이 몸 전체에 영향을 미쳤다거나 ("부친께서 혹시 시력이라도 잃는다면, 그야말로 대참사가 일어나

겠군요!"라고 의사가 말했다), 물을 너무 적게 마셨다거나 하는 식으로, 되돌리기만 하면 분명 해결될 수 있는 것에서 원인을 찾으려 했다. 아버지는 약물 변경으로 증상이 악화한 적이 이미 한 번 있었다. 의사들이 표현하듯 그것은 가역적이었으며, 그 약물을 중단함으로써 증상은 회복되었다. 모든 것에는 다 원인이 있다고 나는 믿었다. 그래서 그 원인을 찾아내 제거해야 한다고 생각했다.

그러나 어느 순간부터 나는 새로운 발작을 설명할 만한 어떤 원인도 찾을 수가 없었다.

그 대신 "치매는 진행성 질병입니다"라는 말을 자주 들어야만 했다. 좋은 날도 있고 나쁜 날도 있지만, 그 방향은 바뀌지 않는다고 했다.

'기억의 틀'에 몰두하며 지내던 그해 늦여름, 나는 휴식 시간을 보낼 수 있길 기대하며 남자 친구와 함께 며칠 동안 여행을 떠나기로 결심했다. 문헌학자 모리츠 바슬러Moritz Baßler의 책을 들고 떠났다. 이전에 바슬러의 기사를 매우 흥미롭게 읽은 기억이 있다. 그는 현대 문학의 흐름을 다루었는데, 바슬러의 관점에 따르면 이러한 흐름은 사건에 지나치게 현실적인 접근 방식을 취함으로써 우리가 질문을 할 생각조차 떠오르지 않게 하거나 대답이 필요 없는 당연한 것에 집중하게 만든다. 바슬러는 이를 '대중적 사실주의'라고 명명한다.

특히 나를 감동시킨 부분은 귀향의 기본 패턴을 다룬

장이었다. 귀향과 어린아이에 관한 이야기, 또는 이러한 가치를 옹호하는 문학 작품들에 대해 바슬러는 그것이 충분히 예측 가능하다고 비판할 뿐만 아니라, 그런 것이 현대사회 문제에 과연 해결책을 제시할 수 있을지 의문을 제기한다. 바슬러는 이렇게 쓰고 있다. "낭만적 서사는 근원적이고, 자연적이고, 이상적이고, 순수하고, 건강하고, 정의롭고, 만족스러운 상태를 떠나 소외와 역경, 억압과 투쟁을 거친 뒤에 드디어 이전 상태를 회복하거나 그 상태에 도달하는 과정을 그린다."

바슬러는 우리가 기억하고 되돌아가고 싶어 하는 본래성, 순수성 그리고 소외되지 않은 상태가 이데올로기에 의해 만들어진 비현실적 환상에 불과하다고 본다. 만약 미래의 희망이 "거의 변화 없는 환경 속에서 자신의 이야기를 이어갈 아이"에게 있다면, "그 아이가 왜 무엇인가를 더 나아지게 만들어야 하는지 그 이유가 명확하지 않다"고 그는 말한다.

바슬러의 책은 글씨가 작고 집중이 필요하기 때문에 해변에서 읽기에는 적합하지 않았다. 하지만 나는 짧은 시간 안에 그 책을 다 읽어버렸다. 읽은 내용을 남자 친구에게 흥분해서 이야기하며 인상 깊었던 문장들을 인용했다. 그 내용은 즉시 내 삶에 적용할 수 있었다. 귀향이라는 문제 해결 모델이 실패한 것은 분명했다.

베를린으로 돌아오니, 불안한 사회 분위기와 맞물려

내 이야기도 혼란스럽게 전개되었다. 전 세계의 광범위한 문제들과 관련해서도 이전으로 되돌아갈 수 없다는 인식이 확산하고 있는 듯했다. 이제 뉴스와 대화에서도 '새로운 정상화'라는 말이 오갔고, 팬데믹 이후에는 모든 게 이전과 같은 방식으로는 지속될 수 없다고 여겨졌다. 몇 달 사이에 인간의 노동 개념은 완전히 뒤바뀌었고, '현장 출석' 자체가 더 이상 큰 가치를 지니지 않게 되었다. 많은 일이 장소와 시간에 구애받지 않고 이루어질 수 있다는 점을 깨달은 것이다.

모두 다 출근해서 한 장소에 모여야만 세상이 잘 돌아가는 것은 아니라는 사실이 명백해졌다. 우리가 큰 가치를 두지 않았던 직업들이 사회를 위해 얼마나 필수적인지, 사회의 기본적인 욕구, 즉 건강·교육·인프라에 돈을 지출하는 것이 얼마나 중요한지 또한 분명해졌다. 2022년 2월 24일, 러시아의 우크라이나 침공 또한 돌이킬 수 없는 역사를 기록했다. 각 나라가 자신에게 주어진 역할을 수행하던 예전 세계는 사라진 듯했다. 독일 총리는 우리가 '변곡점의 시기'에 서 있다고 말했는데, 이 말은 반복적으로 인용되었다.

그제야 나는 내가 이미 새로운 정상화를 찾고 있었다는 사실을 깨닫는다. 그 시작은 아버지가 베를린으로 이사 온 지 몇 주 지나지 않은 어느 날 저녁이었다. 나는 레지던스 앞에 서서 밤하늘을 올려다보았다.

"이렇게 힘들 줄은 상상도 못 했죠?" 어둠 속에서 개를 데리고 담배를 피우며 서 있던 요양보호사가 갑자기 물었다.

나는 놀라 그를 바라보며 고개를 끄덕였다.

"정상이에요." 그가 말했다. "다들 그래요."

그날 저녁, 나는 '정상이에요'라는 문장을 추구해야 한다는 것과 그 문장을 한번 손에 넣으면 꽉 움켜잡고 놓지 말아야 한다는 것을 배웠다. 내 과거의 틀이 더 이상 맞지 않을 경우, 우리가 겪고 있는 일을 다른 사람들이 알고 있다는 것 그리고 어딘가에 또 다른 틀이 존재한다는 사실을 아는 것만으로도 큰 도움이 된다.

며칠 뒤, 나는 레지던스의 식당으로 향했다. 문 너머로 아버지가 자신의 테이블 옆에 서 있는 모습이 보였다. 다른 입주자의 손을 친밀하게 잡고 귀에 무어라 속삭이고 있었다. 내가 식당에 들어서자 아버지는 그 입주자를 향해 기쁨과 자부심 가득한 목소리로 외쳤다. "이 아이가 바로 내 아들이에요!"

아버지는 다른 사람에게 먼저 다가가거나, 신체 접촉을 하거나, 심지어 말을 시키는 스타일이 아니다. 하지만 그런 행동을 한다면, 아마도 아버지가 또 다른 세계로 한 걸음 더 나아갔다는 의미일 것이다. 사람들의 예언이 현실이 되었다. 병이 진행될수록, 아버지가 우리의 세계에서 멀어져 자신만의 세계로 더 깊이 들어갈수록, 우리는 모두 더 잘 지내게 되었다.

그날 밤, 나는 처음으로 슬픈 안도감을 느끼며 집으로 돌아왔다. 그것이 새로운 정상화였다. 마치 세계 정치가 '변곡점의 시기'를 찾는 것처럼 나도 새로운 정상화를 찾아야만 했다.

나는 내가 혹시 모든 걸 너무 진지하게 받아들이는 것은 아닌지 자주 생각한다. 나는 아버지를 집에서 모시며 돌본 적도 없고, 그저 많은 시간을 함께 보낼 뿐이다. 나에게 과연 이렇게 심적으로 힘들어할 권리가 있는 걸까? 다른 사람들의 경우는 어떤지 알고 싶다. 카타리나 렌슈의 연구에 따르면, 대부분의 가족 구성원에게는 발작 상황을 지켜보는 게 예상 외로 큰 부담이 된다고 한다. 내가 겪고 있는 것은 사실 지극히 '정상'이다. 그것은 통계적 정상성이다.

내 삶과 아버지의 삶에 새로이 들어왔거나 들어올 개념들, 이를테면 새로운 정상성에는 다음과 같은 것들이 포함된다.

실행증(고대 그리스어 ἀπραξία, 무활동): 근육과 신경이 정상인데도 목표하는 움직임을 수행할 수 없는 상태.

인지 불능증(고대 그리스어 ἀ-γνῶσις, 인식 부족): 감각기관이 정상인데도 단어, 사물, 소리를 인식할 수 없는 상태.

실어증(고대 그리스어 ἀφασία, 무언): 혀와 후두가 정상인데도 단어를 말할 수 없는 상태.
[여러 책과 웹사이트에서 참고한 설명]

"처음 몇 달은 지옥 같아요. 하지만 나아질 겁니다."
[각자의 아버지를 돌본 두 딸이 거의 동일한 표현을 사용해 말하고 있다.]

"우리는 신체 배설물을 자연스럽게 받아들입니다."
[요양 시설의 이념을 설명한 내용에 나온 표현]

치매, 구체적으로 명시되지 않음.
(진단 코드 F03 ICD 10)
[병원 청구서와 의사 편지에서 발췌]

새로운 정상성을 찾기 위해 나는 이 질병에 대한 명확한 설명이 필요했다. 모든 것이 보름달과 밤하늘처럼 뚜렷하게 구분되기를 원했다. "왜 치매에 대한 진단이 구체적으로 명시되어 있지 않나요?" 나는 의사에게 물었다. 그러고는 "알츠하이머병인가요?" 하고 덧붙였다. "그럴 것이라고 예상하지만, 확실하게 하려면 요추 천자를 실행해야 합니다. 즉 척수에서 뇌 척수액을 채취해야 해요." 의사는 숨을 한 차례 내쉰 뒤 대답했다.

알츠하이머병은 가장 흔한 형태의 치매로, 단백질이

뇌 조직을 방해해 죽게 만든다. 최근 연구자들은 신경 수액에서 특정 단백질을 검출할 수 있다는 사실을 발견했다. 두 번째로 흔한 유형은 혈관성 치매로, 혈관 벽에 콜레스테롤이 축적되어 발생한다.

나는 이 모든 것의 원인이 적어도 "구체적으로 명시되어야 한다"고 생각했다. 그러나 보름달은 내가 생각한 것처럼 밤하늘과 뚜렷하게 구분되지 않았다. 잠시 뒤 의사는 "그 병들 사이에 큰 차이는 없습니다"라고 말했다. "이 병이든 저 병이든 효과적인 약도 없고요." 정상성으로 향한 문을 찾으려고 했는데 오히려 모호함의 문이 열렸다. 비뇨기과 의사, 심장과 의사 등도 더 정확한 검사를 할 수는 있지만 "그런다고 해서 무엇이 달라질까요?"라고 말했다. 만약 인공 심장판막이 완벽하게 닫히지 않거나 전립선 상태가 악화할 경우, 아버지는 과연 수술을 감당할 수 있을까? 아직 남아 있는 정신 능력이 전신 마취 때문에 파괴될 수도 있는데, 그 위험을 과연 감수해야 할까?

나는 명확한 해명을 찾으려는 노력을 곧 포기하게 되었는데, 그것이 육체적인 피로 때문만은 아니었다. 나는 이제 "아무것도 바꿀 수 없다(0)와 무엇인가를 바꿀 수 있다(1)"라는 철저히 이분법적인 기준에 따라 판단하게 되었다. 마치 이분법적 집착에 사로잡힌 사람처럼 머릿속에서 모든 사안을 0 또는 1로 분류했다.

나는 '이건 바꿀 수 없어'라는 문장을 때로는 혼잣말로 중얼거리기도 하고, 때로는 자전거를 타고 가면서 베를린 티어가르텐Tiergarten 공원의 허공을 향해 큰 소리로 외치기도 했다. 그렇게 0으로 분류된 모든 것을 정리하고 싶었다.

그럴수록 나는 뭔가 바꿔볼 수 있다고 여겨지는 것들, 즉 값이 1인 크고 작은 일들에 더욱 매달렸다. 나는 내가 할 수 있는 것들을 통제하기 시작했다. 복도에서 살짝 열린 아버지의 방문을 통해 요양보호사들이 아버지를 어떻게 대하는지 엿듣는다(그들은 아버지를 잘 돌보고 있으며, 내가 더 이상 기대할 수 없는 상황에서조차 인내심을 잃지 않았다). 나는 그들이 아버지에게 주는 약을 세어보았다. 아버지가 언제 컨디션이 좋고, 언제 나빴는지를 꼼꼼히 기록했다. 그리고 아버지의 요양 일지를 출력해서 검토하고 비교했다.

가브리엘레 폰 아르님Gabriele von Arnim이 떠올랐다. 그는 몇 년 동안 의식은 또렷하지만 침상에 누워 지내는 중병에 걸린 남편을 돌봤다. 그 일에 관한 보고서 《인생은 일시적인 상태》에서 아르님은 다음과 같이 고백한다. "나는 재촉하고, 조르고, 부탁하고, 애원하고, 압박하고, 경고하고, 이러저러한 치료나 운동을 시도하고, 이 음식 저 음식을 먹여보고, 협박하고, 결정하고, 일정표를 짜고 운동 계획과 방문 계획을 세웠다. 그렇게 효율성을 도입했다."

지금 돌이켜보면, 나의 뇌는 내 삶의 다른 부분에도 '바꿀 수 있는가 또는 바꿀 수 없는가'라는 이분법을 적용해 작동했다는 사실을 깨닫는다.

바꿀 수 없는 것을 있는 그대로 받아들이는 능력을 칭송하는 바람, 기도, 격언이 있다. 그러나 바꿀 수 없는 것에 대해 아무리 담담함을 유지할 수 있다고 해도, 바꿀 수 있는 것을 바꾸려는 의지에 대한 집착에서 오는 고통은 줄어들지 않는다.

또한 나는 귀향이라는 해결 방식의 또 다른 변형에 빠져 있다는 생각이 든다. 새로운 정상화 속에서 유지나 복원에 대한 기준을 찾으려 했고, 그런 탓에 결국 다시 '돌아갈 목표', 즉 희망의 새로운 틀을 만들어내고자 했다는 생각이 든다.

어쩌면 귀향을 인생에서 주요 해결 방법으로 삼는 사고방식과 결별한 사람만이 진정한 평화를 찾을 수 있을지도 모른다.

그러나 그것은 생각보다 어렵다. 꽤 오랜 시간이 흐른 오늘날까지도 나는 그때 일어난 일들을 명확하게 설명하기 어렵고, 과거에 대한 집착과 미래를 향한 열린 태도를 명확히 구분하기가 쉽지 않다. 생각하면 할수록 경계가 명확하지 않다는 느낌이 점점 커지고, 우리가 모든 것을 '내려놓았다'고 믿는 순간 사실은 우리 자신을 속이고 있을 가능성이 크다는 생각이 든다.

2009년에 이미 아버지는 오랫동안 내가 옛 틀을 버리는 가장 극단적인 방법이라고 여겼던 일을 실행했다. '사전연명의료의향서'를 작성한 것이다. 치명적인 병에 걸려 심한 고통을 겪게 될 경우, '인공적인 방법으로 생명을 연장하지 말고, 죽음을 자연스레 맞이하게 해달라'고 요청한 것이다. 이는 아버지의 공증 관련 매뉴얼에 적혀 있는 표준 문구였다.

그때부터 10년 후, 심장 수술 3일 전에 동생과 나는 아버지와 함께 아침 식사를 하며 사전연명의료의향서를 갱신하기로 했다. 연방대법원은 이제 일반적인 문구만으로는 자신의 생명에 대한 책임을 타인에게 맡길 수 없다고 판결했다. 구체적인 상황을 언급해야 한다. 우리는 여러 상황을 나열한 서류를 준비했다.

거기에는 "더 이상 되돌릴 수 없는 죽음의 과정에 들어섰을 때, 나는 다음과 같이 요구한다"고 적혀 있고, 그에 따른 옵션으로는 이런 항목이 있다. 심폐 소생술 거부, 인공영양 거부, 인공호흡 거부, 죽음을 지연하기 위한 조치 거부.

그리고 "나의 뇌가 치매 같은 퇴행성 과정으로 인해 음식 그리고/또는 액체를 자연스럽게 섭취할 수 없는 상태에 이르면(타인의 도움으로도 섭취가 불가능할 경우), 나는 다음과 같이 요구한다"라는 설명과 함께 또다시 선택 항목이 나열되어 있다.

아버지는 모든 항목에 체크 표시를 했다. 마치 스포츠 클럽의 가입 신청서를 작성하듯 서류를 완성했다.

"정말로 잘 생각하고 결심한 거예요?" 우리가 물었다.

아버지는 잠시 멈칫했다. "여기에 내가 고통을 겪고 싶지 않다고 쓰여 있잖아. 누가 고통을 겪고 싶겠어?"

그 의지를 실행할 책임자로 아버지는 동생과 나를 지정했다.

그 뒤로 얼마 지나지 않아 나는 네덜란드에서 전 세계적으로 큰 이슈를 만든 사건에 관해 읽게 되었다. 한 여성이 알츠하이머에 걸렸다는 사실을 알게 된 뒤, 자기가 원하는 바를 문서화했다. 병이 진행되어 더 이상 남편과 함께 살 수 없을 경우, 그 여성은 타인의 손에 자신의 죽음을 맡기고 싶지 않았다. 적극적인 안락사, 즉 스스로 죽음을 선택하기를 원한 것이다. 이는 당시 네덜란드에서 허용되는 일이었다. 몇 년 후 그 여성은 요양원에 들어갔다. 남편이 방문하면 행복했지만, 그가 떠나고 나면 불행한 순간들이 이어졌다. 한 의사가 그 여성의 뜻을 이루어주려 했다. 커피에 수면제를 타서 먹인 뒤, 미국에서 오랫동안 사형 집행에 쓰였던 치사 약물인 티오펜탈thiopental을 주사했다. 그러나 도중에 그 여성은 깨어났고, 죽음을 거부하며 몸부림쳤다.

그 여성은 깨어나서 온몸으로 저항했다.

나는 판결문 읽는 데 익숙하다. 그렇기 때문에 사건에 관한 기술과 근거에 관한 건조한 설명에 매우 익숙한데도 이 부분을 두 번 읽어야 했다. 누가 손발로 거부하며 저항하는 가운데, 무력을 이용해 죽음에 대한 의지를 강제로 실행하는 모습을 상상해야만 했다.

가족이 그 여성을 붙잡아 도왔고, 의사는 나머지 티오펜탈을 주사했다.

그 여성의 사망은 성공적으로 이루어졌다. 의사는 살인죄로 기소되었지만, 법원은 무죄를 선고했다. 여성이 여전히 판단을 내릴 수 있을 때, 자신의 뜻을 표현했기 때문이다. 비록 의지가 바뀐 것처럼 보일지라도, 미리 분명하게 밝힌 뜻은 존중되어야 한다는 것이다.

거의 30년 전에 철학자 로널드 드워킨Ronald Dworkin도 한 실험에서 비슷한 결정을 내렸다. 중증 치매 환자 '마고(Margo - 가명)'는 삶을 즐기는 듯하며, 음악을 듣고, 땅콩버터 샌드위치를 먹고, 추리소설을 읽는다. 아직 명료하게 생각할 수 있던 시절, 마고는 치매에 걸리면 더 살고 싶지 않다고 했다. 다른 질병에 걸리더라도 치료하지 말라고 했다. 이를 토대로 드워킨은, 만약 폐렴에 걸린다면 마고를 치료하지 않고 두어야 한다고 주장했다. 그는 이를 '선행 자율성precedent autonomy'이라고 명명했는데, 이는 이전에 이루어진 자율적 결정을 뜻한다.

드워킨과 네덜란드 법원은 한 사람이 이전에 선택한 과거의 틀을 기준으로 판단했다. 조건이 바뀔 경우 생을 지속하고 싶지 않다고 밝힌 이전의 의지는, 그 사람이 새로운 조건에 잘 적응하고 그 삶이 생각했던 것만큼 고통스럽지 않다고 하더라고 여전히 존중되어야 한다고 주장한다.

한편, 독일의 사전연명의료의향서는 사망 과정이 시작

된 이후의 구조 조치에 대해서만 규정하고 있다. 네덜란드에서와 같은 적극적인 안락사는 불가능하다. 그런데 나는 갑자기 사전연명의료의향서조차도 단순히 '내려놓기'로 보기 어렵다는 생각이 들었다. 그것도 어쩌면 과거의 틀을 고수하는 것이라고 여겨졌다. 예전 상태로의 복귀를 해결 방법으로 간주하고, 만약 그게 불가능하면 죽음을 받아들이는 것이다.

  2022년 1월 15일 늦은 저녁, 구급차를 타고 응급실로 향했다. 아버지가 방광의 상처 때문에 너무 많은 출혈이 있었으며 적혈구 수치가 '생명 유지 불가능' 수준으로 떨어졌다고 의사가 통화 중에 소리쳤기 때문이다. 장사진을 이룬 응급실에는 대형 병실과 그 주변 복도에 침대가 빼곡히 줄지어 있었다. 그때는 팬데믹 절정기라 검사 결과를 알리는 소리가 사방에서 울려 퍼졌다. 곳곳에 기침과 비명, 불평이 가득했다. 나는 아버지의 마스크를 꽉 눌러 최대한 틈이 생기지 않게 했다.
  소란 속에서 어느 젊은 의사가 나를 부르기에 따라갔다. 그가 화면 앞에 서서 정보를 입력하며 물었다. "사전연명의료의향서는 갖고 있으시겠죠?"
  나는 고개를 끄덕였다. 아버지의 사전연명의료의향서는 미리 가방에 챙겨온 터였다.
  "무슨 내용인지는 알고 계시나요? 아마도…."
  의사는 내 대답을 기다리지도 않고 알파벳 세 글자를

적고, 그 아랫줄에 또 다른 세 글자를 입력했다. 처음은 'DNI', 그다음은 'DNR'였다.

"환자의 심장이 멈추면, 우리는 아무 조치도 취하지 않을 겁니다." 의사가 말했다.

그 순간, 나를 엄습한 감정을 어떻게 표현할지 오랫동안 고민했다. '나는 발이 얼어붙었다'라는 끔찍한 표현밖에 생각나지 않았다. 내 발은 너무 차가워서 감각이 없어진 듯했고, 마치 주저앉을 것만 같은 기분이었다. 균형을 잃고 앞으로 넘어져 더러운 응급실 타일 바닥에 머리를 부딪칠 것만 같았다.

나는 더듬거리며 거짓말을 했다. 사전연명의료의향서를 집에 두고 왔다고, 집에 가서 확인해보겠다고 말했다.

의사는 나를 한번 쳐다보더니 커서를 움직여 R, N, D를 삭제하고, 그 위의 I, N, D도 차례차례 지웠다. 그렇게 두 단어 'Do Not Intubate(삽관술을 하지 말 것)'와 'Do Not Resuscitate(심폐소생술을 하지 말 것)'를 나타내는 약어가 화면에서 사라졌다. 내 가방 속 문서에 적힌 그 단어를 말해야 했지만, 나는 끝내 입을 열지 못했다.

나는 다시 아버지에게 달려갔다. 아버지는 검사를 받는 것에 대해 불평했다. "이 노인한테 이런 짓을 하게 해놓고, 도대체 저들한테 얼마를 받는 거냐? 내가 두 배를 줄 테니 그만해!" 이렇게 말하는 것은 모두 병 때문이라는 사실을 이해하려 애쓰며 말없이 바라보고 있는데, 아버지가 혐오스러운 표정을 지으며 말했다. "부끄럽지도 않으냐."

 우리는 복도에서 하룻밤을 보냈다. 아버지는 수혈을 받았고, 심장은 멈추지 않았다. 나는 세 시간 정도 병원을 떠나 잠시 잠을 자보려 했지만 실패했다. 아침에 다시 병원으로 갔을 때, 아버지는 응급실 침대에 앉아 밝은 미소로 나를 맞이해주었다. 그러고는 이불을 쓰다듬으며 만족스럽게 말했다. "정말 멋진 카펫이야. 우리도 이런 걸 하나 사야겠어."

 모리츠 바슬러의 '귀향'과 '아이'를 해결 방법으로 삼는 것은 실패한다는 글이 나를 사로잡은 이유는, 그 내용을 내가 비유적으로 읽을 필요가 없었기 때문이다. 그것은 나와 직접적으로 관련된 문제다. 나는 귀향을 선택하지 않았다. 어린 시절에 살던 집으로 돌아가 아버지가 나를 세상으로 이끌어주었던 그곳에서 아버지 생의 마지막 순간을 함께할 수도 있었지만, 나는 그렇게 하지 않았다. 그럴 수 없었다. 내게는 아이도 없다. 나는 부모님을 위해 그분들의 방식을 그대로 따르는 방법을 택할 수도 있었지만, 개인적인 이유로 그런 해결책을 선택할 수 없었다.

 그리고 바슬러가 오늘날 이런 해결책이 여전히 사회적으로 유효한지에 의문을 품는 게 옳다고 나는 생각한다. 세상은 너무 달라졌고, 너무 복잡하고, 서로 얽혀 있으며, 모든 방향을 향해 활짝 열려 있다. 여러 세대로 이루어진 가정이 아늑한 식탁에 모여 앉아 있는 모습은 더 이상 존재하지 않는다. 우리에게는 모든 면에서 새로운 이야기가 필요하다.

모리츠 바슬러를 통해 나는 미국 작가 도나 해러웨이Donna Haraway의 저서를 읽게 되었다. 해러웨이는 동물학자이자 철학자이며 페미니스트인데, 자연과학의 역사와 신학, 기술에 대해서도 연구했다. 해러웨이는 자신의 책 《불안 속에 머물기》에서 이렇게 말한다. "우리는 복잡성을 담아내고, 경계선을 열어두고, 새로운 것과 오래된 것 사이의 예상치 못한 연결을 향한 갈망을 유지해주는 커다란 이야기(그리고 이론)가 필요하다."

이 책에서는 '문어'가 중요한 역할을 한다. 문어는 성장할 때 부모의 본보기를 따르지 못한다. 아비는 수정 후에 죽고, 어미는 출산 후에 죽기 때문이다. 이 새끼 동물은 혼자서 바다를 떠도는데, 그러다가 순식간에 자신이 태어난 장소와는 전혀 다른 세계로 흘러 들어갈 수도 있다. 자신의 촉수를 뻗어 느끼고 만지고 소통하면서 스스로 해결책을 찾아야 한다.

온몸의 촉수를 열어두고 더듬으며 탐색하고 찾는 것, 이를 해러웨이는 '촉수적 사고'라고 일컫는다. 귀향이나 과거의 틀에 집착하는 것과는 정반대를 뜻한다.

아버지가 응급실을 벗어나 병실로 옮겨졌을 때, 한 의사가 병실로 들어와 문을 닫으며 나와 상의하고 싶다고 했다. 의사는 우리에게 세 가지 옵션이 있다고 설명했다. 첫 번째는 아무것도 하지 않는 것이다. "혈액 수치가 나빠져도 아무 대응을 하지 않을 것이며, 환자가 평화롭게 잠들게 할 것입니다." 세 번째 옵션은 그와 정반대였다. 심장 카테터, 위 내시경, 대장 내시경, 방광 내시경, MRI 등 '모든 방법을 동원해 문제를 찾고 치료'하는 것이다. 두 번째 옵션은 그 중간이다. "우리가 환자에게 혈액을 두 통 더 투여해 회복시킨 뒤, 환자를 집으로 데려가는 겁니다." 어떤 결정이 가장 좋은지는 환자가 현재 누리고 있는 삶의 질에 달려 있다고 했다. 그러면서 만약 환자가 '지금처럼' 침대에서 잠만 자는 상태라면, 첫 번째 옵션을 권한다고 말했다.

나는 자리에서 일어나 주위를 천천히 걸으며 의사에게 시선을 떼지 않은 채 말한다. 우리는 일주일 전에 소풍도 다녀왔다고. 두 시간 동안 아버지와 함께 베를린 거리를 걸으며 상점과 성당을 구경하고, 커리 소시지를 먹었다고. 저녁에 방으로 돌아왔을 때는 행복하고 지친 모습으로 의자에 앉아 있었다고. 아버지는 결코 삶에 지친 것이 아니라고. 심장에 문제가 있다는 것을 알면, 아버지는 두려워하면서도 치료를 원할 것이다. 아버지는 종종 죽기를 원했지만, 여전히 살고 싶어 했다.

그런 경우라면 두 번째 옵션을 권하겠다고 의사는 말했다.

이틀 후에 우리가 요양원으로 돌아갔을 때, 아버지를 좋아하는 어느 요양보호사가 "보고 싶었어요"라고 말했다. 아버지는 "다시 만나서 반가워요"라는 듯한 말을 중얼거렸다.

우리는 3일 동안 그 어느 때보다 더욱 강렬하게 '내려놓기'와 '새로운 출발'을 경험했지만, 우리의 감정과 결정 그리고 모든 것은 여전히 과거의 틀을 따랐다.

내가 거의 날마다 아버지를 만나며 이 글을 쓰던 해에, 또한 나뿐만 아니라 대부분의 사람이 더 이상 이전 틀에 맞춰 살 수 없게 된 해에 킴 드 로리종Kim de l'Horizon의 소설 《피의 책》이 출간되었다. 그 소설에서 화자는 세대에서 세대로 전달되어 이제는 자신의 어깨에 놓여 있는 기대를 어떻게 다뤄야 할지를 고민한다. 각 세대는 이전 세대에서 넘어온 짐을 짊어지고, 이전 세대가 비워놓은 공백을 채워야 한다. 그러나 화자는 정작 자기 자신이 어느 범주에 속하는지 알 수 없는 세상에서 성장해야만 했다.

화자는 할머니에게 "나는 이 글쓰기를 치유를 시도하는 의미로 시작했어요"라고 말한다. 하지만 곧이어 "어쩌면 '치유'는 잘못된 표현일지도 몰라요"라고 덧붙인다. 치유란 문제가 없던 상태로 돌아가는 것, 즉 이전 상태로 회귀하는 것을 의미한다. "어쩌면 치유가 아니라 흉터에 관한 내용일지 모른다"라고 드 로리종은 쓰고 있다. "새로운, 눈에 띄는 꿰맨 자국을 만들어내는 흉터. 나는 새살이 함께 자라 그 흉터가 흔적도 없이 사라지는 것을 원하지 않는다. 부족한 부분이 결점 없이 사라지는 것을 원하지 않는다. 나는 문장을 끝맺는 마침표가 아니라, '여기 경계가 있긴 하지만 이야기는 계속 이어진다'고 말해주는 세미콜론을 원한다."

흉터는 경계를 열어둔 채 사방으로 더듬으며 새로운 것을 찾아 나아간다. 과거에 얽매이지 않고 새로움을 추구한다. 물론 과거를 품고 있으며, 과거를 부정하거나 잊지도 않는다. 그러나 결국 이전과는 전혀 다른 것이 된다.

나는 아버지의 연명치료와 관련해 다시는 거짓말을 하지 않기로 결심했다. 있는 그대로 말하고, 과거의 틀을 버리기로 했다.

그 뒤로 약 1년이 지난 2023년 1월 14일 토요일, 아버지가 다시 응급실에 실려 갔을 때, 나는 하필 이틀 동안 베를린을 떠나 있었다. 대부의 생일을 축하하기 위해 고향을 방문한 터였다. "환자가 의식이 없습니다." 의사가 전화로 말했다. "사전연명의료의향서를 작성해놓은 게 있나요?"

'지금은 안 돼'라고 나는 생각했다. '지금 아버지를 돌아가시게 둘 수는 없어. 왜 하필 지금이야.'

베를린에 있던 내 남자 친구가 응급실에 도착했고, 병원 사목 소속의 수녀님 한 분이 내가 여행하는 동안 아버지를 돌봐주겠다고 약속했다. 나는 아버지를 돌아가시게 둘 수 없었다. 내가 곁에 없는 지금, 그럴 수는 없었다.

다짐했던 것과 달리, 나는 집에 가서 확인해봐야 한다고 또 한 번 말했다. 병원에서는 몇 시간마다 전화를 걸어 나를 재촉했다.

나는 베를린으로 돌아와 병실로 향했다. 창문은 살짝 열려 있고, 아버지는 등을 대고 누워 있었다. 투명한 튜브가 아버지의 정맥에 투명한 액체, 약물 그리고 영양분을 공급했다. 내가 들어서자 아버지는 눈과 입을 크게 벌린 채 나를 바라보았다. 몇 달 전과 마찬가지로 기쁨과 안도의 표정을 지었다. 나는 아버지가 베를린으로 온 초창기에 내게 했던 말을 떠올렸다. "네가 함께 있으면, 문제가 생기지 않아." 마치 나에게 모든 문제를 해결할 수 있는 능력이 있는 것처럼 말했다. 내가 침대 옆에 앉자 아버지는 내 손을 놀라울 정도로 강하게 꼭 쥐었다. 아버지는 뭐라고 얘기하려 했지만, 말이 되어 나오지 않았다. 침묵 속에서 나는 아버지의 힘겨운 숨소리를 들었다.

"폐렴이 있습니다." 나이 많은 의사가 진료실에서 말했다. 이어 젊은 의사가 고개를 끄덕이며 덧붙였다. "그리고 아무것도 삼킬 수 없습니다. 앞으로 어떻게 할지 결정해야 합니다."

머릿속에서 1년 전의 사건들이 스쳐 지나갔다. 며칠 전까지만 해도 '이번에도 모든 게 괜찮아질 거야'라고 생각하고 있었다(그리고 이제 막 그 말을 꺼내려고 했다). 크리스마스 때 우리는 함께 산책을 했다고. 아버지는 성당 앞 나무도 보고, 갤러리 쇼윈도에 걸린 그림들을 바라보며 "정말 아름답다!"고 감탄했다고. 식탁에 앉아 거위 고기를 곁들여 식사를 하고, 이야기를 나누고, 플라스틱 컵에 담긴 적포도주를 한 모금 마셨다고. 우리는 함께 노래를 불렀고, 내 동생과 그의 가족도 영상 통화로 함께했다. 그날 저녁 요양보호사는 아버지가 오늘 하루 동안 있었던 일들을 이야기하면서 '기분이 좋아 보였다'고 요양 일지에 기록했다.

그러나 아버지는 낙상을 했고, 이내 상태가 나빠졌다. 주말을 이용해 내 동생이 가족과 함께 방문했다. 아버지는 케이크를 앞에 두고 테이블에 앉았다. 뒤통수에는 꿰맨 상처가 있었다. 조카가 아버지에게 차를 건넸다.

"불행한 사건이 연속해서 일어난 것처럼 느껴지실 수 있습니다." 벽에 나무 십자가가 걸린 작은 방에서 호스피스 담당자가 말했다. "낙상, 폐렴, 목 넘김 문제 등. 그렇지만 사실 이건 매우 정상적인 진행 과정입니다."

나는 병원 사목 신부님에게 아버지에게 병자성사를 해줄 것을 부탁했다. 신부님은 "지금 바로 시작하는 것이 좋겠습니다"라고 말했다. 그러고는 성직자용 긴 스톨라를 두르고 기도서를 펼쳐 위독한 환자를 위한 기도를 올린 다음, 아버지의 이마에 축복을 내렸다.

"동생분도 오라고 하세요. 너무 서두르지는 말고, 그냥 빨리 오라고 하세요." 의사가 말했다.

갑자기 죽음이 일상인 사람들로 병실이 가득 찼다.

신부님이 기도서를 정리하고 떠난 후, 나는 아버지 침대 옆에 앉았다. 방 안은 조용했다. 나는 아버지를 바라보았다. 아버지가 이 상황을 어떻게 느끼고 있을지 궁금했다. 아버지가 눈을 떴다가 감았다. 눈을 뜨고 있을 때는 나를 바라보거나 방 안을 둘러보았다. 이제 더 이상 말을 할 수 없게 되었지만, 놀랍도록 이곳, 이 순간에 집중하는 듯했다. 최근 며칠 동안 겪은 일들, 즉 넘어져서 응급실에 실려 온 일 등을 얼마나 인식하고 있을까? 아버지의 시선은 차분했다.

 "폐렴 때문에 숨소리가 실제보다 훨씬 심각하게 들립니다." 의사가 말했다. 나는 한 손으로 아버지의 손을 잡고, 다른 손으로는 아버지가 눈을 감을 때마다 휴대폰을 만졌다. 아버지의 눈을 들여다보는 것과 정상적인 증상에 관한 정보를 구글에서 검색하는 일을 번갈아가며 했다. '폐렴'을 검색해 항생제를 투여해서 며칠 내에 나을 수 있는지 찾아 읽었다. 그러나 '치매'와 '폐렴'을 함께 검색했을 때는 전혀 다른 세계를 마주하게 되었다. 치매 환자에게 폐렴은 주요 사망 원인 중 하나다. 음식물을 삼키는 것은 매우 복잡한 과정인데, 치매 환자들은 삼키는 법을 잊어버리기 때문에 음식물이 쉽게 폐로 들어간다.

 나는 계단을 뛰어 내려가 호스피스 담당자에게 아버지의 사전연명의료의향서를 넘겼다. 그리고 또다시 우리가 함께한 산책, 식사 그리고 며칠 전 아버지가 느꼈을 기쁨에 대해 이야기했다. 남자는 차분히 고개를 끄덕였다. "다르게 생각할 수도 있습니다. 아버지께서 마지막까지 모든 것을 할 수 있었다고 말이죠." 그는 평온한 목소리로 말했다. 아버지는 아직 행복을 느낄 수 있고, 어쩌면 지금 떠날 기회를 잡은 것일 수도 있다고.

저녁에 집으로 돌아왔을 때, 내 안에서 뭐가 변한 것 같았다. 마치 호스피스 담당자의 말이 나에게 쓸모 있는 관점을 제시해준 듯했다. 과거를 원하지만, 그것을 되돌리려 하지는 말아야 한다고 얘기하는 것 같았다. 새로운 것에 과거를 받아들이되, 과거와는 달라야 한다.

다음 날 저녁, 아버지가 여전히 나에게 손을 내밀었다. 나를 알아보고 기뻐했다. 아주 오랜만에 또렷한 상태인 듯 보였지만 눈빛은 달라져 있었다. 마치 내가 아직도 거부하며 싸우고 있는 무언가를 이해하는 것처럼 보였다. 며칠 만에 처음으로 힘을 잃는 것이 아니라 되찾은 것 같았다. 어깨를 움직이고, 거의 옆으로 누울 수 있을 만큼 몸을 돌리기도 했다. 나는 아버지의 이마에 키스하고, 엄지로 십자가를 그렸다. 어머니라면 아버지에게 그렇게 해주었을 것이다.

집에 돌아온 나는 남자 친구와 함께 크리스마스트리를 치우고, 장식들을 지하실로 옮기고, 나무를 길가에 내다 놓았다.

자정이 되기 직전, 나는 차를 타고 티어가르텐역으로 동생을 데리러 갔다. "내일 아침 일찍 아버지한테 가자."

내가 말했다. "오늘 밤에는 돌아가시지 않을 거야. 오늘은 어제보다 조금 더 강해 보였어. 앞으로 어떻게 해야 할지 우리도 생각해봐야 해." 나는 수녀님에게 아버지의 상태가 밤사이 악화하면 전화해달라고 미리 부탁해놓았다.

침대 옆 휴대폰이 울렸다. 화면에는 '5:00 AM'과 병동의 전화번호가 떠 있다. 나는 한 손으로 전화를 받으며 다른 한 손으로는 바지를 집어 들었다. 이제 그 순간이 다가온 것이다. 빨리 가서 작별 인사를 해야 한다.

"정말 유감이지만…" 수녀님이 말했다. "아버님께서 방금 돌아가셨습니다."

10

수치심을
극복하기 위한
시도

10

수치심을
극복하기 위한
시도

　아버지가 돌아가신 지 9일째 되던 날, 신부님이 장례식에서 아버지를 어떤 성격으로 묘사하면 좋을지 물으셨다. 우리는 아버지가 인생의 마지막 수십 년을 보낸 예전 집으로 신부님을 초대했다. 집에서 몇 블록 떨어진 묘지에 어머니가 잠들어 있고, 아버지는 어머니 옆에 묻히기를 원했다.
　그때는 1월 말이었는데, 눈보라가 마을을 덮쳐 매우 추웠다. 난방이 돌아 집이 다시 따뜻해질 때까지는 시간이 걸렸다. 우리는 스웨터를 입고, 가져온 커피를 마시며, 아버지가 떠나기 전 마지막으로 둘러보았던 거실에 모였다. 신부님, 동생, 그의 아내와 조카 그리고 나, 이렇게 모두 한자리에 모였다.
　이야기를 나누면서 동생과 나는 서로 확인하듯이 눈길

을 주고받았다. 우리가 평생 알고 지낸 아버지를 이야기하는 일이지만, 왠지 설명하기가 쉽지 않은 것 같다. 뭔가 근본적인 것이 달라져 있다.

이제 아버지가 어떤 사람인지는 중요하지 않다. 다른 사람들이 아버지를 어떻게 보는지가 중요한 것이다.

아버지가 돌아가신 직후, 아버지에 대한 다른 사람들의 평가가 공식적인 형식을 갖추기 시작했다. 조의 카드가 하나둘 도착했는데, 때로는 우리에게 전혀 익숙하지 않은 이름의 사람들이 아버지와 관련된 기억을 검은 글씨로 적어 보내왔다. 내 고등학교 친구들은 학교 축제 때 아버지가 제시한 여러 가지 아이디어와 그에 적극적으로 참여해 도왔던 일을 언급했다. 아버지는 바비큐를 준비했을 뿐만 아니라 줄다리기 같은 게임과 놀이 등을 기획하고, 숲속의 땅을 우리가 사용할 수 있게 주인과 협상하기도 했다.

아버지와 함께 체조 모임을 했던 남자 회원들은 '그의 동료애, 도움, 유머'뿐만 아니라 '그의 유익한 지식'이 큰 도움이 되었다고 썼다. 문득 아버지의 재치가 돋보였던 얼마 전의 대화가 떠올랐다. 최근 몇 달 동안 아버지의 병이 그런 대화에 독특한 논리를 부여해주었는데, 그 덕분에 나는 여전히 그때를 떠올리며 웃음 짓게 된다.

나　　　이 길을 따라 쭉 올라가면 돼요.
아버지　　하지만 20센티미터 이상은 올라가면 안 돼!

난 떨어지고 싶지 않거든.

나   왜 항상 왼쪽 양말을 벗는 거예요?
아버지   양말 두 쪽이 서로를 싫어해.

나   A의 생신이래요.
아버지   생일인데, 나이를 좀 깎아주나?
나   예순아홉이래요.
아버지   그럼 철회권을 사용하면 되잖아!

검진 도중에 의사가 말한다.
의사   저쪽 방향으로 돌아보세요, 저 아름다운 여성 방향으로.
아버지   저 여성들은 모두 결혼했나요?
의사의 아내 네, 저희는 모두 결혼했어요. 하지만 물어봐 주셔서 감사합니다.

나   잘 지내셨어요, 아버지?
아버지   또 뭐가 필요해서 그러니?

조의 카드에는 아무도 아버지의 병이나 마을을 떠난 이야기, 가족 상황 등을 언급하지 않았다.

우리 역시 신부님에게 사랑스러운 아버지의 삶에 관해서만 이야기했다. 신부님은 아버지를 '상당히 수줍은' 성격이었다고 표현했다. 조의 카드들이 생략한 부분에 대해서는 우리도 생략했다. 어쩌다 병 이야기나 레지던스에서의 일상 이야기가 나오면, 나는 바로 신부님에게 "이건 장례식에서 언급하지 않으실 거죠?"라고 물었다. 우리가 언급한 내용을 신부님이 장례식에서 언급할 경우, 사람들이 어떻게 반응할지 신경 쓰일 수밖에 없었다.

나 자신 안의 어떤 것이 특정 사실은 언급되지 않기를 원했다. 그런 사실들은 마치 아무도 나를 모르고 인식하지도 못하는 세계, 어둡고 혼란스러운 세계, 장례식이 열리는 마을과는 정반대인 세계에서만 머물러 있어야 하는 것처럼.

다른 사람들의 시선, 외부의 평가가 너무도 명확하게 드러나서 불편했다. 하지만 우선 그런 평가를 인정할 수 있을 때, 내가 특정 주제에 대해 말하지 못하는 이유를 이해할 수 있을지도 모른다는 생각이 들었다.

우리는 누구나 자기만의 인생 이야기가 필요하다. 심리학자 댄 매캐덤스 Dan P. McAdams는 우리가 인생 이야기를 어떻게 이야기하는지를 연구했다. 그는 정신분석학자 에릭 에릭슨 Erik H. Erikson의 자아 정체성 개념을 바탕으로 '서사적 정체성'이라는 개념을 만들었다. 우리는 자신의 인생 이야기를 구성하는 과정을 통해 서사적 정체성을 창조한다는 것이다. 이 과정에서 우리는 수많은, 종종 상반된 요소들을 하나의 전체로 통합한다. 매캐덤스에 따르면, 이 통합 작용에는 두 가지 측면이 있다. 첫째, 한 사람이 살아오는 동안 맡았던 여러 역할과 다양한 관계를 하나로 모은다. 둘째, 어린 시절부터 노년까지의 여러 시기를 연결한다. 그럼으로써 삶에 대한 포괄적인 의미와 설명의 틀이 만들어진다.

  이 책을 놓고 이야기를 나눌 때, 아버지는 이렇게 말했다. "중요한 정보를 적어. 이름, 출생 연도, 출생지, 교육, 직업 등." 최근 몇 달 동안 아버지는 자주 "펜과 종이를 가져와서 적어. 이름은… 출생일은…"이라고 말했다. 아마 신부님에게도 당신에 관한 정보를 전해주라고 얘기했을 것이다. 우리가 신문에 올린 부고에 적힌 정보들도 충분하다고 생각했을 것이다. 자신의 인생과 관련해 그 이상의 이야기는 필요 없다고 말했을 것이다.

  나는 아버지의 삶에 대해 내가 얼마나 모르는 것이 많은지 인정할 수밖에 없었다. 아버지는 다른 사람들 앞에서 자신의 삶을 반추하는 걸 좋아하지 않았다. 심지어 우리 두 형제로 이뤄진 가장 작고 친밀한 관객 앞에서도 그랬다. 운이 좋으면, 우리는 아버지의 기억 조각의 일부를 들을 수 있었다. 대부분은 학창 시절, 군 복무 시절 그리고 그 이후의 대학 시절로 거슬러 올라갔다.

  우리는 아버지가 공군에서 군사교육을 받았고, 델멘호르스트, 뮌헨 근처의 노이비베르크, 쾰른-포르츠의 공군청 등 여러 군부대를 거쳤다는 것을 알고 있다. 고향 근처인 본대학교에서 공부했고, 친구들과 자주 어울렸으며, 술을 마시고, (그 뒤에는 끊었지만) 담배를 피웠다. 암스테르담과 파리를 여행하기도 했다. 가끔은 교수가 강의에서 했던 말을 인용하기도 했다. 대학 시절 친했던 친구하고는 몇십 년 동안 서신을 주고받았다. 아버지와 그분은 비슷한 시기에 여자 친구가 생겼고, 둘 다 그 여자 친구와 결혼했고, 똑같은 시기에 아버지가 되었다.

　이 기억은 모두 15세에서 30세 사이에 있었던 일들이다. 이 시기를 심리학에서는 '회고 절정 reminiscence bump'이라고 일컫는데, 이때 기억이 집중적으로 형성된다. 이때 우리는 성인이 되고, 중요한 결정을 내리고, 우리 삶에 중요한 영향을 미칠 사람들을 만난다.

　아버지의 사진 한 장이 이 시기와 그 분위기를 특히 잘 담고 있다. 그 스냅사진은 마치 예술적으로 연출된 거리 장면처럼 보인다. 나는 그 사진을 좋아해 확대해서 액자에 넣어 보관하고 있다. 그것은 졸업반 여행 중에 찍은 것으로, 젊은 남성들이 카페의 테이블 둘레에 모여 앉아 있다. 선생님은 담배를 피우면서 이야기를 하고, 맥주병들이 주위에 놓여 있다. 아버지는 중앙에 앉아 카메라를 도전적으로 응시한다. 입술은 제임스 딘처럼 살짝 모으고 있다. 그 시선에는 자유가 담겨 있고, 그 자유는 끝이 열려 있기에 살아 있다.

　그러나 이야기에서는 끝이 중요하다. 이야기에서 가장 중요한 요소는 어떤 욕구를 품고 목표를 추구하는 주인공이다. 한 연구에 따르면, 자전적 기억은 단순한 사건의 연대기적 기억과는 구분된다. 자전적 기억은 단순히 발생한 사건을 맥락 없이 기억하는 것이 아니라, 무엇이 하필 나에게 일어났는지, 어떻게 하필 나에게 일어나게 됐는지, 왜 하필 나에게 일어났는지를 기억한다. 자신의 삶과 관련된 원인과 결과를 함께 기억하는 것이다.

아버지를 욕구와 목표가 있는 인생 이야기에 등장하는 주인공으로 떠올리니, 여러 해 전의 장면 하나가 생각난다. 가족 모임 때의 일이다. 그 모임이 어떤 행사였는지, 어머니가 사망하기 전이었는지 후였는지는 기억나지 않는다. 외가 쪽 친척들이 외삼촌네 큰 집에 모였다. 나는 너무 멀지도 가깝지도 않은 거리에서 우연히 아버지를 보았다. 갈색 재킷을 입은 아버지는 샴페인 잔을 들고 누구와 건배하며 웃고 있었다.

문득 아버지는 자신의 인생을 어떻게 생각할지 궁금해졌다. 소망은 무엇이고 두려워하는 것은 무엇일까? 그 순간, 아버지가 법무 연수 후 학술 여행으로 로마에 갔다가 어머니를 만나 고향을 떠나게 된 한 남자로 보였다. 아내와 함께 살기 위해 아내의 고향 마을로 이사했고, 그곳에서 몇 킬로미터 떨어진 도시에서 변호사로 정착해 일하며 우리가 살고 있는 집과 정원을 돌보았다. 여름이면 오래된 나무 울타리의 판자를 다시 칠했다. 그 옆의 라디오에서는 축구 중계가 흘러나오고, 한쪽에는 맥주가 담긴 잔이 놓여 있었다.

이 남자는 인생에서 무엇을 원했으며, 무엇을 얻었을까? 나는 알지 못한다.

"어떻게 지내세요?" 이런 질문에 아버지의 대답은 여러 해 동안 똑같았다. "항상 똑같지, 뭐." 아버지에게 일상과 삶은 그저 자연스럽게 흘러가는 것일 뿐 특별할 게 없었다. 자신의 삶에 있었던 여러 사건을 어떤 맥락에서 설명하는지, 어떻게 평가하는지, 개별 사건을 어떻게 통합해 하나의 전체로 만들었는지 이야기한 적이 없다.

어쩌면 아버지에게는 딸이 필요했을지도 모른다. 심리학자 로빈 피부시Robyn Fivush는 연구를 통해 부모가 기억하는 방식은 아들이나 딸이 기억하는 방식과 다르다는 것을 보여주었다. 감정, 특히 슬픔 같은 주제는 부모와 아들 간에는 잘 언급되지 않는다. 아버지와 아들 사이에서는 더욱 그렇다.

일대기 연구에서는 사람의 내면에 접근하기 위해 여러 가지 방법을 사용하는데, 예를 들면 인터뷰 이외에 이른바 '자전적 문서Ego-Dokumente'를 사용하기도 한다. 이는 개인적인 시각으로 자신의 인생을 설명하는 텍스트를 말하는데, 일기·편지·메모 등이 여기에 포함된다.

오랫동안 나는 아버지가 기억이 점점 사라지자 메모를 쓰기 시작했다고 생각했다. 그러나 아버지가 돌아가신 뒤에 새롭게 발견한 것이 있다. 가족관계등록사무소에서 아버지가 '홀아비'로 사망했다는 사실을 증명해야 한다며 어머니의 사망증서를 요청했다. 마침 신부님과 장례 업체하고의 약속 사이에 30분 정도 시간이 남아 있어 아버지의 상자를 뒤졌다. 그리고 '개인 문서'라고 적힌 파일이 담겨 있는 상자를 발견했다.

파일 속 비닐은 오랜 세월 아무도 뒤적이지 않아 서로 달라붙어 있었다. 그 안에서 나는 아버지가 소중하게 여겼던 시절의 문서가 깔끔하게 정리되어 있는 걸 보았다. 군복무 소집 통지서, 예비 장교 임명장, 학업과 관련해 받은 증명서와 확인서 등. 모든 문서에는 사본도 있었다. 그러나 어머니의 사망증서는 보이지 않았다.

나는 초조해하며 상자를 뒤졌다. 그때 갑자기 정사각형 메모들이 바닥에 흩어지며 떨어졌다. 몸을 굽혀 그것들을 주웠다. 메모장에는 프랑크푸르트 소재 회사의 주황색과 초록색 광고 로고가 새겨져 있고, 네 자리 우편번호와 텔렉스 번호가 적혀 있다. 그리고 아버지가 여러 장에 걸쳐 파란색 볼펜으로 크게 쓴 메모가 보였다. 나는 그것들을 앞뒤로 돌려가며 퍼즐 조각처럼 맞춘 다음, 앉아서 읽기 시작했다. 문장이 이해되자 방 안의 정적이 무겁게 느껴졌다.

크리스마스트리를 멋지게 장식했다. 아내가 이 트리를 볼 수 있다면 얼마나 좋을까.

나는 혼자고, 너희는 그렇지 않다.

아내가 많이 그립다.

'홀아비'라는 표현은 단순한 개인 정보가 아니다. 아버지가 세금 신고서에 적었던 그 단어는 갑자기 감각적으로 다가왔고, 내 눈앞에서 아버지 삶의 이야기 한 조각이 펼쳐졌다. 아버지의 메모들은 전화 통화와 편지에서 몇몇 구절을 적어놓은 것 같았다. 어떤 것은 아버지를 만나고 싶어 하는 사람들에게 거절하는 사유를 적어놓은 것처럼 보였다.

다른 사람들이 모두 즐거워하는 자리에서 나는 슬퍼할 수가 없다. 그것은 나에게 도움이 되지 않고, 다른 사람들에게 방해가 될 뿐이다.

체조 모임과 관련된 듯한 메시지도 있다.

내가 우리 모임에서 첫 번째로 홀아비가 되었다.

커플들에게는 다음과 같이 조언하고 있다.

서로에게 잘해줘라. 상대방이 있음에 기뻐해라. 내게는 모든 것이 갑자기 끝나버렸다. 다시는 되돌릴 수가 없다.

정확히 어떤 상황인지는 알 수 없지만, 한 메모에는 제

삼자의 관점에서 작성한 듯한 계획이 적혀 있었다.

어쩌면 그는 수도원에 들어갈지도 모른다.

문득 상처 입은 동물이 은신처에 숨어 있는 모습이 그려졌다.
아버지는 평생 동안 외로움에 대해 거의 말하지 않았다. 나는 아버지가 혼자 있는 걸 좋아한다고 생각했다. 외로움 때문에 고민하고 있다는 사실을 알게 된 것은 한참 뒤의 일이다.
아버지가 병원 2인실에 입원했을 때의 일로 기억한다. 아버지와 같은 방을 쓰던 환자는 아버지보다 나이는 많았지만 복부에만 국한된 통증이 있었다. 그래서인지 병상에 누워서도 귀에 스마트폰을 댄 채 사업을 열심히 지휘했다. 하루는 내가 작별 인사를 건네자 남자가 넌지시 말을 꺼냈다. 그는 아버지와 어둠 속에서 나란히 침대에 누워 외로움에 관한 이야기를 나눴던 것 같다. 아버지가 자신의 외로움을 어떤 말로 표현했는지는 알 수 없다. 그 남자의 얘기를 듣는데, 목이 메어 더는 아무것도 물어볼 수가 없었다. 나는 예의 바르게 인사한 다음, 아버지를 데리고 복도로 나갔다.
아버지는 75세가 넘어서야 처음으로 나에게 "또 전화해"라고 말했다. 그리고 더 나이가 들어서야 "여기서는 가끔 외로워"라고 처음으로 인정했다.

내가 아버지 집에서 발견한 메모들은 바깥세상을 향한 것이다. 누군가를 향한 목소리다. 그 문장들이 전화 통화에 사용되었는지 또는 편지에 사용되었는지 나는 알 수 없다. 어쩌면 단순히 초안에 그쳤을지도 모른다.

"모든 삶의 이야기에는 청중이 있다"라고 매캐덤스는 말한다. 자신의 삶을 다른 이들과 이야기하지 않는 사람도 자신의 인생 이야기를 발전시키는 데는 특정한 사회적 관계나 타인의 시선이 필요하다. 사람은 누구나 내적 또는 외적 요소로 만들어낸 청중을 머릿속에 두고 있다고 매캐덤스는 말한다. "누가 항상 듣거나 보고 있다. 그는 친구나 지인일 수도 있고, 부모나 자식일 수도 있으며, 또는 프로이트의 초자아, 조지 미드George H. Mead의 '일반화한 타자', 내면화한 애착 대상, 또는 신일 수도 있다." 우리는 항상 무엇이 '말할 수 있는 이야기'로 인정받을 수 있는지, 즉 '이야기할 수 있는 삶'에 부합하는지에 맞춰 자신의 이야기를 다듬는다.

아버지는 종교가 있지만, 나는 그 청중을 주로 '일반화한 타자'로 상상한다. 이 개념은 사회철학자 조지 미드의 이론에서 유래한 것인데, 일반화한 타자는 실제 인물이 아니다. 이는 많은 사회 구성원의 시각이 반영된 하나의 구조물로, 개인적 시각은 일반적 가치와 기대에 따라 대체된다. 일반화한 타자는 얼굴도 없고 이름도 없다.

아버지는 "사람들이 뭐라고 생각하든 상관없어"라고

자주 말했다. 그 말은 진심이었으며, 그럴 때 '사람들'이란 얼굴과 이름을 지닌 대상을 의미했다. 어머니는 이 마을 사람들과 함께 학교를 다녔고, 결혼 후에도 친구들을 미혼 시절 이름으로 부르며 그들의 삶을 지켜보았다. 마찬가지로 어머니도 그들이 자신을 지켜보고 있다는 걸 느꼈을 것이다. 반면 외지인인 아버지는 특정 이웃이나 길을 걷는 사람이 자신을 어떻게 생각하는지 전혀 신경 쓰지 않았던 것 같다.

그럼에도 아버지는 출근할 때 신발이 깨끗한지 신경 썼고, 성당 미사에 갈 때는 우리가 '깔끔한' 바지를 입어야 한다고 생각했다. 식사 중에는 팔꿈치를 테이블에 올리지 말라면서 "그렇게 하는 것은 예의에 어긋난다"고 했다. 발코니의 제라늄을 잘 관리하고, 정원 울타리의 페인트도 잘 칠해져 있어야 한다고 했다. 아버지는 개인의 의견에는 관심이 없었다. 그러나 '사람으로서 당연히 해야 하는' 일에는 관심이 있었다.

사회적 기본 틀 내에서의 삶, 일상적인 흐름 속의 삶, 아버지는 이를 강요나 제약으로 느끼지 않았던 듯하다. 아버지는 그렇게 살기를 원했고, 그 목표를 달성했을 때 만족해했다.

에세이스트 다니엘 슈라이버Daniel Schreiber는 자신의 저서 《혼자》에서 이렇게 썼다. "우리 대부분은 언젠가 삶이 우리의 상상과 다르다는 것을 깨닫는 지점에 도달한다." 그는 팬데믹 동안 슈퍼마켓의 빈 선반 앞에 서서 '이제부터 완전히 혼자'라는 깨달음을 얻는 순간을 묘사한다. 원치 않았지만 혼자가 된 현실을 마주한 것이다.

나는 한 사람이 자기 인생이 생각대로 흘러가지 않는다는 사실을 언제 그리고 어떻게 깨달았는지 아는 것이 그가 어떤 사람이지, 또 어떤 사람이었는지를 이해하는 데 매우 유용한 관점을 제공한다고 생각한다.

아버지의 인생에서 당신이 원했던, 사회적으로 눈에 띄지 않는 조용한 삶과는 아주 다르게 전개된 점을 나는 적어도 세 가지는 말할 수 있다.

누구의 자녀가 동성애자일 수 있다는 사실은 이해하지만, 정작 아버지의 아들이 동성애자라는 사실은 당신이 원하는 삶과 큰 차이가 있었을 것이다. 아버지는 나도 자신처럼 평범한 가정을 꾸리길 바랐을 것이다.

배우자 둘 중 한 명이 먼저 사망하는 것은 흔한 일이지만, 자신이 그렇게 일찍 그리고 그렇게 갑작스레 혼자가 되는 일은 예상하지 못했을 것이다.

치매가 흔한 질병이라는 것은 이미 잘 알려져 있지만, 아버지의 연령대에서 그리고 유럽에서 알츠하이머에 걸리는 남성의 비율은 6퍼센트에 불과하다. 아버지는 너무 이른 나이에 부당하게 이 병에 걸린 것이다.

이 세 가지가 모두 아버지를 깊은 고민에 빠져들게 했을 것이다. 아버지가 홀아비로서 어떤 위치에 있었는지는 이미 메모를 통해 짐작할 수 있다. 아버지는 치매 관련

신문 기사를 서랍에 잔뜩 모아두었다. 그리고 1996년 9월 내가 처음으로 남자 친구와의 관계를 이야기했을 때, 아버지는 "하루 종일 그 생각이 머릿속에서 떠나질 않아"라고 말했다. 그 주제를 아버지가 이토록 심각하게 고민한 것은 그때가 처음이었다. 그 뒤로 우리는 그와 관련된 이야기를 거의 하지 않았다.

그 밖의 주제에 대해서도 대화를 나눈 적이 거의 없다.

아버지가 특정한 주제에 관해 이야기하지 않는 일은 오랫동안 너무나 자연스럽게 여겨졌다. 아버지는 자신의 삶을 드러내는 걸 좋아하지 않았다. 자신의 감정으로 일반화한 타인을 괴롭히고 싶어 하지도 않았다.

그러나 태연해 보이는 태도 뒤에 어쩌면 수치심이 깃들어 있었을 가능성도 있다. 삶이 우리가 원하는 방향과 다르게 흘러가는 점들을 이야기하길 꺼리는 이유 중 하나는 그것들이 수치심의 원인일 수 있기 때문이다.

수치심은 자부심처럼 '타인과의 관계에서 비롯되는 사회적 감정'이라고 시리 허스트베트는 말한다. 수치심과 자부심 모두 우리가 다른 사람의 시선으로 우리 자신을 바라볼 때 생겨난다. "어쩌면 그는 수도원에 들어갈지도 모른다." 이 메모는 다른 사람들이 아버지에 대해 그렇게 생각한다고 여긴 것일 수 있다. 실제로 누가 그런 말을 했을 수도 있다.

아버지가 수치심을 느꼈는지는 모르겠다. 그러나 아버

지의 삶에서 기대와 달랐던 부분이 수치심과 관련이 있다는 사실을 나는 나중에 깨달았다. 치매로 인해 자신에게 일어나는 변화를 인식하는 사람들에게 그러한 변화가 얼마나 큰 부담으로 작용하는지를 조사한 연구가 많다. 정신과 기억력은 사회적 기능과 긴밀하게 연결되어 있기 때문에, 그 능력을 상실하면 사람들을 큰 혼란을 겪게 된다. 질병에 걸린 사람은 진단 결과를 알고 싶어 하지 않거나 이를 비밀로 유지하려 한다. 그들은 놀라운 능력으로 가면을 쓰고, 평범한 문장을 말하며, 타인과의 접촉을 피한다. 오랫동안 변화를 무시하고, 수치심 때문에 많은 가족이 너무나 늦게 타인의 도움을 구한다.

아버지가 의사에게서 신경과 전문의를 소개받았을 때 표출했던 분노를 떠올린다. 내가 발견한 메모 중에는 이런 내용도 있었다. "이웃 X씨에게 전화가 옴. 대략 12시쯤. 내가 어떻게 지내는지, 잘 지내고 있는지 물어봄. 외부 도움은 필요 없다고, 고맙다고 대답함." 도움을 받았을 때 보이던 불쾌감, 사회적 관계의 완전한 단절, 마을을 떠나던 날, 즉 혼자서는 더 이상 지낼 수 없다는 사실이 모든 이에게 드러난 날을 떠올린다. 현실이 점차 당신을 압도하며 덮쳐오자, 아버지는 수치심을 동반한 질병을 부정할 수 없게 되었다.

파트너의 상실 또한 수치심을 유발할 수 있다. 특히 자살이나 사고 같은 갑작스러운 죽음에서 오는 상실감에 대해 많은 연구가 이뤄졌다. 유가족은 자신에게 새로 주어진 역할이 가치가 없다고 느낄 수 있다. 아버지가 참여하지 않았던 많은 행사가 생각난다. 그 이유는 '모두 파트너와 함께 참여하는 행사이기 때문'이었다. 자신은 살아 있고 파트너는 그렇지 않다는 사실에 죄책감을 느끼는 경우도 드물지 않다.

그리고 많은 가족이 여전히 이번 세기 초반까지도 자녀의 동성애를 부끄러운 비밀로 간직하고 있다고, 인류학자 길버트 허트Gilbert Herdt와 심리치료사 브루스 코프Bruce Koff는 그들의 책 《너에게 할 말이 있어》에서 설명한다. 독일에서는 남성 간 성적 행위를 범죄로 간주하던 시대가 끝난 지 그리 오래되지 않았다. 우리 부모님이 한창 자라면서 사회규범을 배우던 시절에도 동성애는 범죄로 여겨졌다. 퀴어 이론가 이브 코소프스키 세지윅Eve Kosofsky Sedgwick은 성소수자에 대한 수치심이 어떻게 다양한 생활 영역에 스며들어 우리의 관계, 행동, 자기 이해에 영향을 미치는지 설명한다.

아버지는 고독이나 슬픔과 달리 수치심은 일반적인 상황에서 종종 언급하곤 했다. 우리 신발이 더럽거나 바지가 구겨져 있을 때 "그러면 창피하지 않니"라고 말했다. 그러나 더러운 신발보다 더 깊은 곳에 있는 수치심에 관해서는 우리와 대화하지 않았다.

수치심은 부모 세대의 이야기, 즉 우리와는 다른 도덕적 관념과 더 엄격한 사회적 기대 속에서 성장한 부모 세대의 이야기라고 생각했다. 나에게는 해당되지 않는 문제라고 믿었다.

나는 오랫동안 그렇게 생각했다.

그러나 아무도 나를 알지 못하고 아무도 나를 인식하지 못하는 세계, 어둡고 혼란스러운 세계, 우리 마을과는 정반대인 세계를 떠올린다. 언급을 피하던 주제들이 하나씩 드러나면서, 나는 이제 그것을 자세히 살펴볼 기회를 얻었다. 사회학자 어빙 고프먼Erving Goffman은 그의 책 《낙인》에서, 우리가 어떤 사회적 기대에 부응하고 어떤 것에 부응하지 못하는지 자각하지 못하는 경우가 많다고 말한다. '그 기대가 충족되었는지 여부를 묻는 질문이 떠오를 때 비로소 인식하게 된다'는 것이다.

내 인생에서 이 질문은 아버지가 집에서 혼자서는 지내지 못하게 되었을 때 떠올랐다. 아르노 가이거는 다음과 같이 썼다. "오랜 관습은 가족 구성원을 요양원에 보내기로 결정할 때 죄책감을 느끼게 한다." 돌봄 연구가 잉그리드 한센Ingrid Hanssen과 플로라 음콘토Flora Mkhonto는 이와 관련된 수치심에 대해 국제적인 관점을 제시한다. 그들은 가족이 결정을 미루다가 더는 외면할 수 없는 상황에 직면하고, 결국 막다른 골목에 갇힌 듯한 패닉 상태에 빠지는 과정을 묘사한다.

아버지가 세상을 떠나던 해, 프랑크푸르트 지방법원에서는 치매에 걸린 어머니를 집에서 돌보며 요양원에 보내지 않은 한 여성이 재판을 받았다. 그 어머니는 방치되어 상처를 입은 채로 사망했다. 법정에서 여성은 "부끄럽습니다"라고 말했다. 여성은 자신의 능력을 과대평가했다고 했다. 법원은 여성에게 보호 대상 학대죄로 유죄판결을 내렸다. 여성의 과중한 부담과 비극적 상황을 감안해 형량을 줄여준 것이다. 이 사건은 수많은 사례 중 하나다.

아르노 가이거는 요양원을 정당화하며, 그곳의 전문 인력, 가족이 느끼는 부담감 그리고 그의 아버지가 자신의 집에서 더 이상 안락함을 느끼지 못했다는 점 등을 언급했다. 전문적인 도움이 필요한 이유는 논란의 여지가 없다. 그러나 이와 관련된 감정은 논리적인 주장으로 설명할 수가 없다. 아기였을 때 자신을 돌봐준 부모님을 남의 손에 맡기는 것은 개인적 의무감과 사회적 기대에 어긋난다. 어떤 사람들은 이를 가족의 도덕적 실패로 보기도 한다. 그와 더불어 우리가 그 병을 위해 할 수 있는 일이 아무것도 없다는 죄책감이 더해진다.

아버지 장례식을 앞두고 나는 그동안 '요양원'이라는 단어를 의식적으로 피했다는 사실을 깨달았다. '시설' 또는 '레지던스'라고 말하거나 그냥 "우리 집 근처에 계신다"라고만 표현했다. 지인들이 "우리는 아버지를 집에서 돌봤다"고 말할 때면 아무 말도 하지 못했다. 그러고는 마음속으로 나는 왜 그들의 경우와 다른지 서둘러 이유를 찾으려 했다. 그들 부모님의 경우에는 치매와 별로 관련이 없었다는 점에서 나는 탈출구를 찾고자 했다.

내 침대 옆 테이블에는 남자 친구가 선물해준 베르테 아를로Berthe Arlo의 책《밤새우기》가 놓여 있다. 전직 요양원 야간 간호사가 쓴 글이다. 잠들기 전에 나는 그 책의 다음 대목을 자주 읽었다. "특히 밤에는 노인들이 위험을 판단할 수 없으며, 길을 잃거나 상처를 입거나 두려움을 느끼거나 하는 등 여러 가지 일이 발생할 수 있다. 노인들은 좋든 싫든 자신을 돌보는 사람들에게 전적으로 의존하고 외부의 도움을 받아야 한다. 그러나 매일 밤 야간 간호사는 혼자서 모든 책임을 져야 한다. 야간 간호사에게는 매일 밤 혼자서 감당하기엔 너무 큰 책임이 따른다."

가끔 베르테 아를로의 책을 읽어도 잠을 이루지 못할 때가 있다.

문학평론가 울리히 그라이너Ulrich Greiner는《수치심의 상실》에서, 죄책감과 수치심이 글쓰기의 가장 강력한 동기일 수 있다고 말한다. 글쓰기를 '해결할 수 없는 갈등의 표현' '차후에 이뤄지는 수치심의 극복' '이해되지 않는 것에 대한 설명 시도'라고 설명한다. 수치심 속에서 우리는 자신을 외부인처럼 바라보게 되며, 이처럼 '자기 자신을 대면하는 것이 문학의 전제 조건'이라고 그는 덧붙인다. 아울러 글쓰기의 한계를 극복할 수 있는 에너지는 불완전함과 실패의 경험에서 나온다고 주장한다.

나에게 벌어진 일에 대해 쓰면서, 나는 다른 사람의 시선으로 나 자신을 바라볼 수 있었다. 그리고 이 시선은 놀랍게도 생각만큼 극적이지 않다. 이를 가브리엘 폰 아르님은 다음과 같이 표현한다. "오직 내가 글을 쓸 때, 내가 겪었던 일을 말로 표현할 때, 사건과 나 사이에 어느 정도 거리를 만들어낼 수 있다. 언어의 장벽 너머로 내게 일어난 일을 바라볼 때, 나는 더 차분하게 받아들일 수 있다. 단어들이 나를 보호한다. 문장과 페이지, 마침표와 느낌표로 된 외투에 싸여 있으면, 나는 덜 두렵다. 사건을 바라보는 시선은 그 사건 자체를 덜 극적으로 만들어주고, 현실을 이야기로 전환시키며, 내가 그 이야기를 읽는 동안에는 그 순간 속에 살지 않게 해준다." 나 또한 일어난 사건을 어떤 말로 표현할지 몰입하는 것이 현실에서 도피할 수 있는 유일한 탈출구가 되는 순간들이 있었다.

신부님과 대화한 뒤, 나는 아버지의 메모에 적혀 있던 내용을 이 책에 인용하기로 결심했다. 그 글들은 바깥세상을 향한 아버지의 메시지였기 때문이다.

장례식에 맞춰 전임 신부님도 이메일로 추도사를 보내왔다. 그 신부님은 어머니가 돌아가신 뒤에 우리를 사제관으로 초대해주었던 분으로, 아버지와도 잘 아는 사이였다. 이제 여든 살이 넘은, 오래전에 은퇴한 신부님이다. 그의 글은 짧았지만, 그 안에 담긴 메시지는 매우 강렬했다. 아버지가 성당에 헌신한 것에 감사의 말씀을 전한 후 본론으로 들어가 아내를 일찍 잃은 것이 아버지의 삶에

끼친 영향에 대해 썼다. "아내를 잃고 크게 타격을 받았지만, 불평 없이 그리고 신에 대한 신뢰를 잃지 않고 자신의 길을 성실하게 꾸준히 나아갔다." 이러한 직설적인 표현은 그 마을에서는 처음이었다.

벨기에 철학자 뱅시안 데스프레 Vinciane Despret는 장례식에서 하는 연설이 죽은 자의 '사후 운명'을 결정한다고 주장한다. 죽은 자에 관해 주변 사람들이 저마다 알고 있는 내용을 추가하면 유족은 그 기억을 지닌 채 집으로 돌아가 그것과 함께 앞날을 살아가게 되는데, 그로써 죽은 자의 운명이 풍요로워진다는 것이다.

장례식 3일 전, 나는 아버지의 관 옆에 서서 직접 연설하기로 결심했다. 책상 앞에 앉아 글을 쓰기 시작했다. 아버지가 우리를 위해 해준 일들, 예를 들면 밤에 귀가 아팠을 때 나를 담요로 감싸서 병원에 데리고 갔던 일을 썼다.

또한 지금까지 언급하지 않으려 했던 다른 일들도 썼다. 그것은 수치심을 극복하려는 시도의 일환이었다. 아버지로 하여금 세상을 낯선 곳 또는 불청객으로 인식하게 만들었던 질병에 대해 썼다. 또 아버지가 베를린 요양원에서 나와 함께 사용하려고 침대와 책상을 가로로 반씩 자르려 했던 일에 대해서도 썼다. 그리고 내 남자 친구를 가족으로 받아들인 일도 썼다.

"우리가 부끄러워해야 할 일은 아무것도 없어." 나는 동생에게 말했고, 동생은 고개를 끄덕였다.

내가 그 글을 읽을 때, 성당 주변 묘지 위로 가벼운 빗소리가 들렸고, 그 자리에 참석한 사람들의 얼굴은 마치 그림처럼 고요했다.

11

친구
놀이

11

친구

놀이

오늘 아침, 나는 자전거를 타고 도시 이곳저곳을 돌아다녔다. 그리고 비에 흠뻑 젖어버렸다. 4월의 변덕스러운 날씨는 예측하기 어렵다. 브란덴부르크 문 근처, 차량이 많은 도로와 티어가르텐 공원 사이 신호등에서, 어두워지면 아무것도 보이지 않는 곳에서 나는 우연히 게시물을 하나 보았다. 그것은 신호등 기둥에 테이프로 붙어 있었다. 자전거에서 내려 한 줄 한 줄 왼쪽부터 오른쪽으로 꼼꼼히 읽는다.

한 남자가 실종되었다고 한다. "그는 알츠하이머 치매를 앓고 있으며, 급히 약이 필요합니다." 실종 직전 겨울 재킷과 청바지를 입고 있었으며, '흰머리에 선한 눈매, 상냥한 성격을 지닌' 사람이라고 했다. 그리고 모자를 쓰지 않고 집을 나섰다고 한다. 다리 위에 서서 카메라를 바라보는 남자의 사진도 한 장 있다. 전화번호는 따로 없고, 남자를 발견한 사람은 경찰서에 연락해달라고 적혀 있다. 게시물을 붙인 사람이 누구인지는 모르겠지만, 실종된 남자를 '우리 이웃'이라고 표현했다.

  나도 아버지가 그리워진다. 과연 지금은 어디에 있을까. 마지막으로 보았을 때, 아버지는 병원 가운을 입은 채 팔에 주사를 맞고 있었다.
  나는 거실 창문에 전기 촛불을 하나 세워놓았다. 촛불은 계속 켜져 있지만, 마치 꺼질 것처럼 깜빡거린다. 한 이웃이 "아버님은 어떻게 지내세요? 창가에 있는 촛불을 봤어요"라고 묻는다. 촛불 옆에는 병원에서 아버지가 돌아가신 뒤 손에 올려주었던 나무 십자가가 놓여 있다. 그 앞에는 최근 몇 달 사이에 찍은 사진도 있다. 사진에는 요양원 옥상에서 찍은 아버지 모습이 담겨 있다. 여름 하늘이 배경이지만 구름으로 덮여 있다. 지난 몇 년 동안 아버지가 카메라를 보며 웃음 지은 몇 안 되는 순간 중 하나다. 셔츠 위쪽 단추가 풀려 있다. 요양보호사가 자신이 아버지를 잘 돌보고 있다는 사실을 증명하기 위해 나에게 보냈던 사진이다. 그는 사진을 프린트해서 아버지 방에도 두었다.

  나는 아버지가 어디에 있는지 모르겠다.
  지인 한 사람이 물었다. "죽은 사람은 어떻게 되는 걸까? 그냥 사라질 수는 없잖아. 그에 대한 개념이 필요해."

아버지는 종교를 믿었다. 종교에서는 사후 세계라는 개념이 이미 수천 년 동안 존재해왔다. 종교 과목 교사였던 어머니는 우리가 어릴 때 그 개념을 가르쳐주었다. 종교에서는 영혼이 죽지 않는다고 말한다. 나는 영혼이 어딘가에, 이왕이면 천국이라고 부르는 곳처럼 기분 좋은 곳에 있기를 바란다. 그 개념은 추상적이다. 나는 그곳이 어디인지 그리고 어떤 곳인지 상상하기 어렵다.

나는 소파에 앉아 촛불 옆에 놓인 사진을 바라보며, 오랜만에 아버지와 어머니를 함께 생각한다. 이제 두 분은 다시 한 쌍, 하나의 존재가 된 듯하다. 죽은 자의 세계를 어떻게 상상하든, 두 분은 같은 곳에 계신다. 서로 다른 세계에 존재하지 않는다.

어머니가 돌아가셨을 때도 나는 베를린에 살고 있었다. 어머니 장례를 치른 후, 나는 기차가 지나다니는 다리 위에 서서 멀리서 오가는 열차의 불빛을 바라보곤 했다. 우리 집 한쪽 구석에는 어머니의 사진과 파손된 자동차 사진을 걸어두었다. 그 사진 앞에 앉아서 어머니와 대화했다. 마치 세상에서 가장 자연스러운 일인 것처럼. 거의 20년 전 어머니의 죽음과 부재를 두고, 지금 아버지의 부재를 대하듯 많은 생각을 했는지는 모르겠다. 어쩌면 내가 더 어렸고 갑작스러운 사고로 인한 죽음이었기 때문에 그런 생각을 억누르려는 마음이 더 컸을 수도 있다. 삶에 잘 어울리는 죽음일수록, 세상의 자연스러운 흐름에 부합할수록, 그 죽음은 더 큰 영향을 미칠 수 있다. 주의를 분산시킬 특별한 상황이 없기 때문이다.

아버지와 함께 걸었던 길을 혼자 걷는다. 아버지가 항상 멈춰 섰던 스케이트보드 가게 앞을 지나간다. 가게 쇼윈도에 아버지 모습이 보인다. 아버지는 자신의 모습을 보면서 "저 사람, 나처럼 생겼어"라고 말했다. 나는 얼마 뒤 쇼윈도에 있는 인형이 아버지처럼 파란색 야구 모자와 베이지색 코듀로이 바지를 입고 있다는 걸 깨달았다. 그 인형은 아직 거기 있다. 옷도 그대로다.

아버지가 돌아가시고 며칠 뒤, 근처에 있던 코로나 검사소가 문을 닫았다. 나는 그곳 단골손님이었다. 요양원에 들어가려면 매번 코로나 검사를 받아야 했기 때문이다. 내 코를 찌르던 사람들은 시간이 지남에 따라 친숙해졌고, 우리는 길에서 우연히 만나면 서로 인사를 했다. 처음에는 텐트에 검사소를 차렸었다. 그러던 어느 날 밤 텐트가 도난당한 뒤, 컨테이너로 옮겼다. 그리고 이제 컨테이너도 사라졌다.

아버지의 방은 돌아가신 다음 날 비웠다. 그 이튿날, 나는 창문 너머로 새로운 가구와 조명 그리고 새로운 삶이 그 방을 채운 것을 보았다. 그 방은 즉시 다른 사람 차지가 되었다. 방을 비워 두는 건 비용이 드는 일이니까.

나는 혼자다.

아버지가 돌아가신 직후, 내 남자 친구는 미국에서 몇 달 동안 일하기 위해 베를린을 떠났다. 남자 친구가 미국으로 갈 준비를 할 때, 나는 함께 떠날 계획을 세울 수 없었다. 아버지를 혼자 두고 싶지 않았고, 다시 돌아왔을 때 아버지가 나를 기억하지 못할까 봐 걱정되었기 때문이다. 그사이 아버지가 돌아가셨는데, 그때는 계획을 변경하기에 너무 늦었다.

나는 아버지와 많은 시간을 함께 보냈다. 특히 지난 15개월은 더욱 그랬다. 이제는 시간이 여유롭고 조용하다.

밤에 나는 아주 깊이 잠들거나 전혀 잠들지 못한다. 두 경우 모두 다음 날 아침에는 피곤하다. 나는 집 밖으로 나가지 않고, 저장해둔 식료품으로 끼니를 때운다. 세상 모든 사람이 식료품을 비축해두라고 말하지만, 나는 다시 예전 습관으로 돌아갔다. 밤에 오랜 시간 깨어 있으면서 맥주를 마시고, 글을 쓴다. 방마다 촛불을 켜놓고, 음악을 듣는다.

이 시간까지 여전히 깨어 있는 건물은 건너편에 있는 학생 기숙사뿐이다. 그곳엔 커튼이 없다.

대학 시절, 밤을 새우던 나에게 아버지가 해준 말이 떠오른다. "밤을 낮으로 만들지 마라." 아버지 말에 내가 대답했다. "어쩌면 밤이 낮보다 더 살 만할 수도 있어요."

부모와는 다르게 살고 싶어 하는 사람조차 그들을 기준으로 여기고, 그들을 비교 대상으로 삼는다.

내 친구들 중 절반은 표정이 한결 가볍다. 그들은 아버지가 고통에서 벗어났으니 기뻐해야 한다고 말한다. 또 다른 절반은 진지한 표정으로 내가 분명 슬플 거라며 위로한다.

한때는 아버지가 돌아가시길 바라도 되는 건지 생각해 본 적이 있다. 나중에는 아직 한동안 더 살아 있기를 바라도 되는 일인지 고민했다. 몇 달 전, 가장 친한 친구에게 "아버지를 그리워하게 될 것 같아"라고 말했더니 "그건 이기적인 생각이야. 아버지를 보내줘야 해"라는 대답이 돌아왔다.

의사들이 나에게 어떻게 하길 원하는지 물었을 때, 그 결정이 나에게 달려 있다는 사실이 나를 두렵게 했다.

이제는 내가 무엇을 원하든 전혀 상관없다.

내 친구들 중 절반은 내가 가만히 혼자 있을 시간이 필요하다고 생각한다. 누군가가 세상을 떠나면 조용히 있고 싶어 할 거라고. 한편, 다른 친구들은 우리가 무엇을 함께하면 좋을지 묻는다.

나는 아버지가 그랬던 것처럼 혼자 있고 싶다. 아니, 그건 아니다. 나는 완전히 혼자 있고 싶지는 않다. 사람들 속에 있지만 혼자이고 싶다. 나는 독서회나 극장에 간다. 군중 속에 앉아 있지만 어느 누구와 대화하지 않아도 된다. 불이 꺼질 때가 가장 좋다. 모두가 허공을 그리고 어둠을 응시할 때가 좋다. 나는 식당에 앉아 음식을 먹으면서 아무도 나에게 말을 걸지 않길 바란다. 가끔 바에 가자는 친구한테 설득당할 때도 있는데, 그 친구와 작별 인사를 하고 나면 나는 다시 군중 속으로 돌아가 혼자 앉아 있곤 한다.

헌책방에 들렀다가 《영향력 불안》이라는 책을 우연히 발견했다. 문학비평가 해럴드 블룸 Harold Bloom이 쓴 책인데, 그는 2019년 가을에 사망했다. 우리 삶을 일시적으로 급격히 변화시킨, 중국에서 온 새로운 호흡기 질환인 코로나19를 경험하지 못했다는 얘기다. 원제는 《영향력 불안: 시에 관한 이론》이며, 1973년에 출판되었다. 블룸은 시인과 롤 모델 사이의 관계를 프로이트의 아버지와 아들 사이의 갈등으로 해석한다. 롤 모델은 영감과 방향을 제공하며, 후계자들은 그에게 감탄한다. 그러나 또 다른 한편으로 롤 모델에게 너무 의존하는 것을 두려워하며, 그의 영향력이 자신의 작품에 독창성의 여지를 남기지 않을까 봐 걱정한다.

블룸은 프로이트의 방어기제를 바탕으로 아들이 아버지의 작품과 마주하는 과정에서 나타나는 여섯 가지 '처리 방식'을 정립했다. 그 핵심에 있는 미스리딩 misreading은 롤 모델의 작품을 잘못 읽음으로써 후계자 시인이 자신의 작품에서 아버지의 작품을 창조적으로 수정할 수 있는 기회를 얻는다. 테세라 tessera 단계에서는 후계자 시인이 아버지의 작품이 충분히 진행되지 않았다고 생각한다. 아버지의 표현이 낡아버렸다고 느껴 그것을 확장한다. 이를 통해 마치 두 개의 모자이크 조각을 붙이는 것처럼 작품을 더욱 진행시켜 완성한다. 아포프라데스apophrades 단계는 아테네 달력에서 '불길한 날'로 불리는 날들에서 유래한 이름이다. 이날들에 아테네 사람들은 죽은 이들이 돌아와 집을 다시 차지한다고 믿었다. 이때 시는 한때 롤 모델에게 열려 있던 것처럼 다시 한번 열리는데, 이렇게 만들어진 새로운 시는 엄청난 효과를 발휘한다. 그렇게 만들어진 시는 롤 모델이 쓴 것처럼 느껴지는 게 아니라 후계자 시인이 롤 모델의 특징을 잘 살려 작품을 쓴 것처럼 느껴진다. 아들이 아버지 스타일의 핵심적인 형태를 잘 찾아낸 것이다.

해럴드 블룸은 "우리는 모두, 시인이든 아니든, 영향력 불안에 시달리고 있다"고 믿었다. 삶은 끊임없는 계승과 반항의 혼합이다.

블룸의 시각은 주로 아버지와 아들의 관계 그리고 영국 낭만주의 시에 한정되었다. 그러나 그 후에《다락방 속의 미친 여자》에서 여성 문학비평가 샌드라 길버트Sandra Gilbert와 수전 구바Susan Gubar는 더 나아가 '저자의 불안Anxiety of Authorship'이라는 개념을 발전시켰다. 이들은 여성 작가들, 예컨대 버지니아 울프Virginia Woolf 같은 선배 여성 작가의 목소리가 없어서 오히려 글쓰기가 어려웠다고 주장한다. 이 탓에 여성 작가들은 자신을 작가로 인식하기 어려운 상황에 놓였다고 설명한다.

아버지가 떠나시고 두 달 뒤, 가족관계등록사무소에서 사망증명서를 발급받았다. 나는 아버지의 보험과 회원 가입 목록을 작성했다. 모든 기관에 사망증명서를 보내야 한다. 각종 협회에서는 회원이 사망하면 자격이 자동으로 종료된다. 그러나 보험은 좀 더 복잡하다. 개인 보험은 사망과 함께 종료된다. 예를 들어, 사망한 사람은 피해를 줄 수 없기 때문에 책임보험이 끝난다. 건강보험도 마찬가지다. 사망한 사람은 병에 걸리지 않기 때문이다. 그러나 재산보험은 다르다. 자동차보험은 상속인에게 넘어간다. 자동차가 상속되기 때문이다. 자동차는 우리 집에서 몇 블록 떨어진 곳에 주차되어 있는데, 나는 그걸 어떻게 처리해야 할지 모르겠다. 나는 자동차를 가져본 적도 없으며 또 필요하지도 않다. 이 지역은 항상 어딘가를 파헤치는 중이라 이틀마다 한 번씩은 주정차 금지 표지판이 세워졌는지 확인해야 할 정도다. 법률보호보험은 그들 중간쯤 어딘가에 있다. 상속인이 아버지 역할을 넘겨받을 경우, 이를테면 아버지의 사업을 이어서 운영할 경우에는 상속인에게 넘어간다. 어떤 것을 아버지에게서 인수하느냐에 따라 다르다.

내 책상 위에는 빌헬름 부슈 Wilhelm Busch 전집이 놓여 있다. 나는 예전 집에서 베를린으로 돌아올 때 이 책들을 가져왔다. 병원에 있는 아버지에게 이 책들을 읽어드리려 했다. 내가 어릴 때 아버지는 《막스와 모리츠》를 읽어주었고, 나는 그 이야기를 집중해 듣고 외웠다. 부모님과 함께 병원 대기실에 앉아 있을 때면 늘 그 이야기를 읊었는데, 그러면 주변에 있던 사람들이 즐거워했다. 아버지는 그것을 좋아했다. 특히 '렘펠 선생님 Lehrer Lämpel'과 '미망인 볼테 Witwe Bolte'가 나오는 대목을 좋아했다. 그러나 내가 그 이야기를 다시 읽어드릴 기회가 오기 전에 아버지는 세상을 떠났다.

나는 '이웃'을 찾고 있다는 내용의 전단을 지나가다가 다시 보게 되었다. 이미 며칠이 지났다. 어떤 여성이 오래도록 그 앞에 서서 내용을 읽고 있다. 감동받은 것처럼 보인다. 누가 전단을 비닐로 싸놓았다. 비가 내리고 있었기 때문이다.

나는 '상냥한 성격'의 그 남자가 비를 맞으며 티어가르텐 공원을 헤매고 있을지도 모른다고 생각한다. 아버지의 요양원에서도 한 남자가 사라졌었다. 경찰이 발견했을 때, 그는 보행보조기를 이용해 티어가르텐역에 가 있었다. 그는 "집에 가기 위해" 그랬다고 말했다. 그의 딸은 아버지가 밤마다 전화를 걸어 집에 가겠다며 고집을 부리곤 했다고 토로했다. 하루에도 몇 번씩 전화를 건다고. 그런 통화를 한 뒤에 울었다고도 했다.

아버지가 요양원으로 옮기기 전, 나는 여러 가지 질문

에 답해야 했다. 그중 하나는 아버지에게 '길을 잃는 경향이 있는지' 체크하는 질문이었다. 치매 환자들은 종종 자기 고향이나 집에 대한 감각을 잃곤 한다. 평생 자기 집에 살았더라도, 집으로 돌아가야 한다며 집 밖으로 나가는 경우가 많다. 그들은 자신이 살던 곳에서 이방인처럼 느끼기도 한다. 어떤 요양원에서는 밖에 버스 정류장을 설치해두는데, 이는 단순한 모조품일 뿐 실제로 버스는 오지 않는다. 저녁이 되면 간호사가 환자들을 모두 방으로 돌려보낸다.

아버지는 우리의 예전 집을 좋아했다. 집을 내놓는 걸 원치 않았다. 그러나 베를린에 도착했을 때, 집으로 돌아가고 싶다는 표현을 하지는 않았다. 밖으로 나가고 싶어 했던 이유는 꼭 해야 할 일을 처리하기 위해서였다. 아버지는 빵을 사러 가고 싶어 했으며, 항상 빵을 사려고 했다. 아버지는 예전부터 언젠가 빵을 충분히 구할 수 없게 될까 봐 두려워했다. 그러나 집으로 돌아가고 싶어 한 적은 없었다. 어쩌면 고향을 상실했다는 느낌을 받지 않는 부류에 속했는지도 모르겠다. 만약 그렇다면 좋겠다는 생각이 든다.

아버지가 가만히 누워서 말을 할 수 없는 지경이 됐을 때 "만약 운이 나쁘면, 이 상태가 오랫동안 이어질 수도 있습니다"라고 의사가 말했다.

아버지와 같은 방을 쓰던 남자가 생각난다. 그가 그런

상태였다. 하늘을 향해 가만히 누워만 있었다. 말할 수도 없고, 먹을 수도 없었다. 그렇지만 정신은 멀쩡했다.

그 환자를 방문한 젊은 남자가 나에게 말했다. 삼촌이 거의 2년 동안 그렇게 똑같은 상태로 누워 있다고. 그러고는 "어떻게 해야 할지 모르겠어요"라고 덧붙였다.

남자 친구가 미국으로 떠나기 전에 우리는 둘 다 사전연명의료의향서를 작성했다. 모든 항목에 다 체크했다. 간단했다.

《질병에 대한 두려움》이라는 책이 재출간되었다. 그 책에 따르면, 2022년 11월 기준 남성의 47퍼센트와 여성의 62퍼센트가 치매에 두려움을 느낀다고 응답했다.

나는 카페에서 보낸 오후를 떠올린다. 아버지와 함께 아버지가 좋아하던 케이크를 먹었다. 옆 테이블에 앉은 두 남자는 아버지보다 거의 열 살 정도는 많아 보였는데, 모두 혼자 살고 있는 듯했다. 아버지가 외투를 잘 입을 수 있게 돕는 내 모습을 보더니, 한 남자가 다른 남자에게 말했다. "나는 인생을 저렇게 끝내고 싶지 않아."

치매에 걸릴지 안 걸릴지는 아무도 알 수 없다. 그리고 만약 걸린다고 해도, 그 모습이 어떨지는 아무도 알 수 없다. 요양원 식당에서 아버지 옆에 앉아 있던 한 여성은 날마다 우아한 옷을 입었고, 장신구와 화장도 완벽하게 꾸

몄다. 혼자서도 제시간에 맞춰 식당을 찾아오고 제자리를 잘 찾아 앉았다. 하지만 5분 동안 똑같은 이야기를 적어도 열 번은 반복했다. 식사 후에는 엘리베이터로 가서 원하는 층의 버튼도 정확하게 눌렀다. 아버지는 자신이 어디에 있는지, 어디로 가야 하는지, 엘리베이터를 어떻게 사용하는지 몰랐지만, 머리를 흔들며 말했다. "저 여자는 온종일 똑같은 말만 계속 반복해."

그 전단은 여전히 걸려 있다. 이제 오랜 시간이 지났다.
나는 상냥한 성품을 지닌 그 남자를 찾는 사람들이 누군지 궁금하다. "우리는 몹시 걱정하고 있습니다"라고 그들은 썼다. 그들은 친척이 아니다. 친구도 아니다. 그들은 '이웃'을 찾고 있다. 나는 그 남자에게 가족이 있는지, 자녀가 있는지, 친구가 있는지도 궁금하다. 그리고 아버지도, 형제도, 삼촌도, 심지어 친구도 아닌 한 남자를 걱정하는 이웃들이 어떤 사람들일지 상상해본다.

"자녀가 다섯인데 그중 단 한 명도 요양원을 방문하지 않는 경우가 있다"고 아버지를 담당한 의사가 나에게 말한 적이 있다.
"많은 사람은 부모님이 지금처럼 되셨다는 사실을 받아들이기 힘들어한다"고 요양보호사가 말했다.
대부분의 요양원 입주민은 1년에 한 번 정도 방문자가 있거나, 아예 방문자가 없다. 자녀가 있다고 해서 도움이 필요할 때 반드시 돌봐주리라는 보장은 없다. 의사의 말은 나를 충격에 빠뜨리는 동시에 안심시켰다. 나에게는 자녀가 없으니, 자녀가 나를 돌보지 않는다고 해서 실망할 일도 없기 때문이다.

그렇다면 우리는 누가 돌봐줄까?

아버지가 돌아가실 무렵, 그 요양원의 모회사가 파산 신고를 했다. 나는 그 사실을 그때는 몰랐다. 나중에야 알았는데, 사실 요양원의 파산이 빈번해지고 있다. 올해만 해도 대형 회사 세 곳이 파산했다. 입주자들이 지불하는 돈은 오르고 있지만, 요양원들은 각종 비용 상승과 인력 부족으로 어려움을 겪고 있다. 팬데믹 이후 침대들이 비어 있다. 요양보험의 보험료는 자꾸 오른다. 자녀가 없거나 적은 사람은 자녀가 많은 사람보다 더 많은 돈을 내야 한다. 그럼에도 요양보험은 수억 유로가 부족하다고 한다. 나는 15개월이 아니라 5년 또는 10년 동안 요양원에 있는 사람들을 생각한다. 그들도 언젠가는 돈이 부족해질 것이다.

"우리는 누가 돌봐주나?"라고 여러 신문에서 묻는다.

어린 시절 유치원에서 가족 놀이를 했던 기억이 없다. 아빠, 엄마, 아이 역할놀이를 했던 기억이 없다. 그 당시 가족에 대한 관심이 없었는지, 아니면 세 역할 중 어떤 것도 끌리지 않았는지는 잘 모르겠다. 아니면 유치원 친구가 없었기 때문일 수도 있다. 가족 놀이를 하려면 친구가 필요하다. 친구와는 가족 놀이, 의사 놀이, 백신센터 놀이, 건설 현장 놀이 등 모든 걸 할 수 있다. 단순히 '친구 놀이'만 하는 놀이는 없다. 적어도 나는 그런 말을 들어본 적이 없다.

이제 나는 친구가 있다.

친구는 종종 모든 문제의 만능 해결사인 듯이 칭송받는다. 파트너의 부재, 가족의 부재를 대신할 수 있는 선택된 가족으로 여겨진다. 삶을 함께하며 필요할 때 언제든 도움을 주는 존재로 여겨진다. 프랑스 철학자 조프루아 드 라가스네리 Geoffroy de Lagasnerie는 포함해야 할 상황은 매우 다양하지만, 이를 표현할 수 있는 단어가 '친구' 하나뿐이라는 사실에 주목한다. 그로 인해 명백한 불균형이 발생한다. 그러나 친구라는 개념을 아무리 넓게 정의하더라도, 친구는 자녀와 같을 수 없다. 누구나 친구가 있는 것은 아니며, 친구가 있다고 해도 꼭 필요한 순간에 그들이 함께해주리라는 보장은 없다.

어쩌면 우리는 친구 놀이를 배워야 할지도 모른다.

"우리는 책임 공동체 제도를 도입해, 사랑하는 관계나 결혼한 관계를 넘어 두 명 이상의 성인이 법적으로 서로 책임을 질 수 있게 할 것이다"라고 독일 정부의 연정협정서에 명시되어 있다. 법무장관은 이러한 개혁이 '역사적 범주' 안에서 이루어졌으며 '사회-정치적 현실'을 반영한 것이라고 말한다.

우리 생활은 유동성이 매우 높아졌고, 부모와 성인 자녀가 서로 멀리 떨어져 사는 경우도 흔하다. 책임 공동체의 예로는 시니어 공동 주거 형태나 가족 이외의 사람에게 도움을 받는 한 부모 가정을 들 수 있다. 그들은 가족이 아니며 또한 가족이 되기를 원하지도 않지만 함께하는 사람들이다. 책임 공동체에서는 서로의 건강에 관한 정보를 의사한테서 대신 받을 수 있고, 서로를 위해 결정을 내릴 수도 있다. 어쩌면 부양과 돌봄 같은 의무가 따를 수도 있을 것이다. 책임 공동체를 형성하려는 사람은 친구 관계를 증명할 필요조차 없으며, 가까운 사이라는 사실을 증명할 수만 있으면 된다.

아마도 이것이 '이웃'을 찾는 게시물이 의미하는 것일 수 있다.

도나 해러웨이는 "아이를 낳기보다는 친족관계를 맺으라"고 추천한다. 그는 "우리에게 부여된 과제는 창의적인 친족 관계를 만들고, 현재 안에서 함께 잘 살고 잘 죽을 수 있는 학습 방법을 개발하는 것"이라고 썼다. 이것이 바로 해러웨이가 말하는 '촉수적 사고'다. 그것은 문어의 촉수, 즉 친족 관계가 아닌 사람들이 책임 공동체를 형성하고 서로를 위해 존재하는 관계를 만들어내는 것을 말한다. 이는 친구 놀이를 뜻한다.

해러웨이는 이러한 창의적인 관계가 사람들 사이에만 있는 것이 아니라고 말한다. 우리는 다른 생명체와도 이런 관계를 맺을 수 있다. 예술가이자 정보학자인 제임스 브리들James Bridle은 우리가 잘 인식하지는 못하지만 실제로는 아주 지적인 존재와 기계를 연구한다. 자신의 책 《존재의 엄청난 다양성》에서 그는 지능과 지능이 만나는 지점을 설명한다. 모잠비크의 어떤 새는 인간과 함께 일한다. 그 새는 벌집을 찾은 뒤 인간을 그 장소로 데려다준다. 인간은 꿀을 수확하고 그 성과물을 새와 나눈다. 또한 페이스북 실험실에서는 두 개의 챗봇이 자신들만의 언어를 발명했지만, 그걸 이해하지 못한 사람들은 그 대화가 의미 없다고 생각해 챗봇을 종료했다.

이 이야기들은 매우 흥미롭지만, 내가 나이 들고 병에 걸려 도움이 필요할 때, 이런 존재가 현실의 구체적인 문제를 어떻게 해결할 수 있을지 상상하기가 어렵다. 그들은 나에게는 '사람이 죽으면 천국에 간다'는 말처럼 여전히 추상적이다.

"조만간 로봇이 우리를 돌볼 수 있을까?"라고 여러 신문에서 묻는다.

"이 입주민은 로봇 고양이를 쓰다듬고 싶어 하지 않는다"라는 내용이 아버지의 요양 일지에 적혀 있다. "그렇지만 그는 고양이의 울음소리에 반응한다."

작년 9월을 생각해본다. 그때 나는 아버지와 함께 심장전문의를 방문했다. 아버지가 셔츠를 벗고, 자리에 눕고,

숨을 들이쉬고 내쉬는 데 시간이 오래 걸렸다. 의사는 친절하고 인내심 있게 아버지를 대했다. "이런 상황에서 나는 어떻게 될지 자주 생각하곤 해요"라고 의사가 말했다.

  나 또한 내가 아버지 처지라면 어떻게 느낄지, 다른 사람들에게서 어떤 도움을 기대할 수 있을지 상상해본 적이 많다. 나는 아버지에게 동정심을 느꼈다. 그러나 오로지 동정심만으로 행동한 것은 아니다. 일종의 계약이나 정의감에 기대를 품고 행동한 것도 있다. 내가 지금 누구를 도우면, 언젠가 다른 사람이 나를 도와줄 수도 있다는 희망 말이다. 그것은 전혀 예측할 수 없는 세계에서 해보는 계산이다.

  우리에게 공감하는 사람을 적어도 한 명은 곁에 두고 있어야 한다. 그것이 매우 중요하다. 우리가 고통받을 때 함께 고통을 느끼고 우리를 위해 애쓰는 사람. 어쩌면 우리 삶의 과제이자 노후 대비는 그런 존재를 찾는 것일지도 모른다. 자녀, 파트너, 친구, 이웃 또는 이름조차 모르는 낯선 사람 등, 그 존재가 어떤 관계에 있는 사람이든 상관없다. 그리고 어쩌면 이런 존재가 미래에는 인간이 아닐 수도 있다.

  이제는 '회피 경향성' 대신 '접근 경향성'이라는 표현을 사용한다고 들었다. 이는 목표를 세우고 길을 떠나는 것을 존중하기 위한 표현이다.

나는 내 이야기가 앞으로 어떻게 진행될지 알고 싶다. 나는 아버지처럼 아무런 준비 없이 노년을 맞이하고 싶지는 않다. 아버지가 한번은 산책하다가 "자신이 어떤 상황에 놓이게 될지 아무도 미리 알 수는 없어"라고 말한 적이 있다. 그건 자신이 나이 들어서 어떻게 살게 될지 미리 걱정하지 않았던 이유를 설명하려는 것이었다. 아버지는 노후를 준비하지 않았다. 그냥 자식들에게 의존했다.

어떤 사람은 마흔도 채 되지 않아 돌봄이 필요해지는 상태에 놓이기도 하고, 또 어떤 사람은 아흔이 넘어서도 여전히 일을 하거나 다른 사람을 돌본다. 우리는 앞으로 어떻게 될지 아무도 모른다. 계획을 세우는 것은 어려운 일이다.

최근에 읽은 바로는, 알츠하이머병을 조기에 진단하기 위해 척수에서 신경액을 채취하는 요추 천자 방법을 사용할 수 있다고 한다. 증상이 명확하게 드러나기 전 알츠하이머 초기에 병을 발견할 수 있다는 것이다. 시간은 소중할 수 있다. 아버지가 돌아가시기 며칠 전, 미국에서 새로운 약물이 승인받았다. 큰 기대가 모이고 있으며, 치료는 신속히 진행되어야 한다. 그럼에도 과학자들은 기억에 손상이 나타나지 않는 한 진단명을 내리는 것은 섣부르다고 조언한다. 30년 후에 우리는 무엇을 알게 될까? 그때는 확신을 얻을 수 있을까?

계획을 세우는 것은 어려운 일이다.

"위급한 시기에는 많은 사람이 불안에 맞서기 위해 미

래를 안전한 모습으로 그리고 싶은 유혹을 느낀다"라고 도나 해러웨이는 썼다. 그렇기 때문에 '친족 관계를 만드는 것'은 바로 지금, 현재의 과제다. 미래를 위한 준비는 오로지 미래에 집착하지 않을 때 가능하다. 그것은 '미래주의에 빠지지 않으면서 불확실성을 유지하는 것'에 관한 문제라고 해러웨이는 말한다.

열린 결말이 내 망막 앞에 맴돌고 내 고막을 두드린다. 그것들을 단순히 순차적인 이야기로 묶어야 한다는 충동을 느낀다.

매캐덤스는 삶의 이야기를 만드는 것이 포스트모더니즘 시대에는 더 어려워졌다고 말한다. 그는 어쩌면 미래에는 하나의 삶을 설명하기 위해 하나 이상의 이야기가 필요할지도 모른다고 언급했다. "시간이 지남에 따라 여러 발언이 모이고, 몽타주처럼 텍스트가 결합되며, 전혀 예측할 수 없는 방식으로 한순간에서 다음 순간으로 발전한다."

킴 드 로리종을 통해 나는 어설라 K. 르 귄Ursula K. Le Guin을 새롭게 발견했다. SF 작가인 그는 이미 오래전에 순차적인 이야기의 시대는 끝났다는 것을 알고 있었다. 언제나 두 종류의 이야기가 진행되고 있지만, 그중 한 가지 이야기만 더 많이 주목받는 것뿐이라고 했다. 한 남자가 동물을 사냥하는 이야기, 액션과 영웅, 승자와 패자의 이야기가 펼쳐진다. 그 이면에서는 수집에 관한 이야기가 가려진 채 전개된다. "그러나 우리가 생존하고 풍요로워지기 위해 정말로 필요한 일은 씨앗, 뿌리, 새싹, 잎사귀, 견과류, 열매, 과일, 곡식을 모으는 것이다." 르 귄은 엘리자베스 피셔 Elizabeth Fisher를 인용해, 인류의 첫 번째 문화 도구는 무기가 아니라 무얼 담을 수 있는 용기였다고 말한다. 유용하고 먹을 수 있는 것 또는 아름다운 것을 모으는 일은 지극히 인간적이다.

르 귄은 이를 바탕으로 '소설의 캐리어 백 이론The Carrier Bag Theory of Fiction'을 개발했다. 이 이론에 따르면, 이야기는 단순히 순차적인 전개, 갈등, 승자와 패자로 구성되지 않는다. "이야기는 치료제 꾸러미일 수 있는데, 이야기들은 서로 그리고 우리와 매우 특별하고 강력한 관계를 맺고 있는 내용을 담고 있다."

왜 치료제 꾸러미라고 할까? 우리 삶에서 열린 결말은 그들이 서로 관계를 맺을 때 우리에게 도움을 줄 수 있기 때문이다. 우리는 열린 결말을 가방에 담아 서로의 관계가 발전하게끔 내버려둘 수 있다. 이러한 관계가 갈등인지 조화인지는 알 수 없으며, 그것은 그리 중요하지도 않다. '왜냐하면 지속적인 과정이 목표'이기 때문이다. 어떤 이야기가 만들어질지 알기 위해서 우리는 한동안 그 가방을 메고 있어야 한다.

르 귄의 접근법은 희망을 준다. 그것은 이야기를 찾는 데 도움을 줄 수 있다. 어떤 이야기인지 바로 알아채지 못해도 괜찮다. 계승과 저항, 접근 경향성과 회피 경향성,

가족, 친구와 낯선 사람, 자연과 기술, 인간과 동물, 이승과 저승, 어제와 내일, 이 모든 것을 모아서 가방에 담는다. 그들이 관계를 맺어 하나의 이야기를 만들 수 있다.

어쩌면 나도 열린 결말을 가방에 담아 계속 들고 다니면 이야기가 만들어지리라고 믿는지도 모른다. '지속적인 과정'을 믿는 것이다. 어쩌면 이제는 이야기가 더 이상 그렇게 간단하지 않기 때문에 우리는 오히려 캐리어 백 이론을 믿을 수밖에 없는지도 모른다.

그 전단은 사라졌다. 그 남자가 어디서 발견되었거나 또는 아무도 더는 그를 찾지 않게 된 것일 수 있다.

장례업체에서 청구서를 보냈다. 장례식 영상이 담긴 CD도 들어 있다. 마치 졸업 논문이 드디어 인쇄되어 나온 것 같다.

이제 아버지의 인터넷 프로필이 생겼다. 우리가 부고를 게재한 신문은 애도 포털을 운영한다. 고인 개개인을 위해 사이트를 마련해준다. 아버지의 사촌 중 한 명이 디지털 초를 켰다.

부활절 주말에 나는 우리의 예전 집을 향해 떠난다. 기차로 7시간을 가야 한다. 그곳에서 나는 동생과 그의 가족을 만난다. 예전 집에는 도둑이 들지도, 화재가 나지도 않았다. 모든 것이 여전히 그대로다. 사진 앨범과 물건을 넣어둔 박스, 기억, 지하실부터 다락방까지 그대로다. 지붕은 단열처리가 되어 있지 않고, 지하실에는 기름 난방기가 있다. 이 상태로는 집이 오래갈 것 같지 않다. 우리는 결정을 내려야 한다. 동생이나 내가 다시 그 집에 들어가서 살지, 아니면 아무도 살지 않을지. 그 집과 함께한 우리의 시대가 여기서 끝날 수도 있다. 그렇더라도 그곳은 여전히 우리 가족의 집이 될 테고, 우리 가족의 집으로 남을 것이다.

"나는 할아버지처럼 나이가 들기 전에 아이를 가질 거야"라고 조카가 말한다.

해러웨이는 셰익스피어의 《햄릿》에 등장하는 말장난을 언급하며, 영어 단어 'kin(친족)'과 'kind(친절)'가 비슷하다는 점을 지적한다. 해러웨이는 새로운 친족을 찾기 위해서는 친절하고 공손한 시각을 갖춰야 하며, 호기심과 '다른 사람을 매우 흥미롭게 여기는 능력'이 필요하다고 했다.

친구 놀이를 해야 한다.

집 안에는 아버지가 기억을 돕기 위해 메모해놓은 쪽지들이 있는데, 그중 하나에 이런 문장이 적혀 있다. "눈을 떠라."

우리는 묘지로 간다. 부모님의 묘에 다시 흙을 덮었고, 그 위에 화강암 판을 놓았다. 아버지 이름은 어머니 이름 아래에 적혀 있다. 그 위에는 조부모님, 이모, 삼촌의 이름이 있다. 우리는 화병에 봄꽃을 꽂는다. 점원의 말에 따르면, 이 꽃은 6개월에서 9개월 동안 피어 있을 거라고 한다. 예전에는 아버지가 이 묘의 꽃에 물을 주었다. 아버지가 베를린에서 지내는 동안에는 이모가 그 일을 맡았다. 이제 우리는 누구를 고용할 것이다. 우리는 여기에 자주 오지 못하기 때문이다. 초에 새 배터리를 넣는다. 초는 3개월 또는 그 이상 켜져 있을 것이다.

뱅시안 데스프레는 '슬픔'을 상실을 받아들이는 과정으로 묘사하는 것은 전혀 도움이 되지 않는다고 했다. 데스프레는 《죽은 자의 행복》에서 깊은 슬픔을 드러내지 않는 사람들을 관찰한다. 그들이 죽은 가족구성원과 어떤 관계를 맺고 있는지 살펴본다. 우리가 죽은 자들을 생각하기 때문에, 그들이 우리 삶에 영향을 미친다고 데스프레는 주장한다. 그리고 '죽은 사람이 나를 어떤 행동을 하도록 이끄는가?'라고 스스로에게 물어보라고 한다. 상실을 받아들이는 것보다 더 좋은 것은 죽은 자에게 삶의 한쪽 자리를 내주는 것이다. 그러면 그들의 영향력이 점차 사라질 것이라고 한다.

어쩌면 우리가 죽은 자들을 우리의 가방에 담아두면, 그들이 다른 열린 결말과 새로운 관계를 맺게 될지도 모른다.

  부활절 밤, 성당 광장에서 부활절 불꽃놀이를 했다. 예전에는 내 동생이 장작을 쌓아 올렸는데, 오늘은 다른 사람들이 그 일을 한다. 예전만큼 크진 않지만, 코로나19로 잠시 규모가 작아졌던 때보다는 다시 규모가 커졌다. 광장 옆 사제관은 오랫동안 비어 있었는데, 이제는 전쟁을 피해 우크라이나에서 온 사람들이 그곳에 거주하고 있다. 그들도 우리와 함께 불꽃 주위에 서 있다. 어린 시절을 나와 함께 보낸 친구들도 있다. 어머니가 선생님으로 일하던 학교에 함께 다닌 친구들이다. 개중에는 교사가 된 친구도 있다. 어떤 이들은 이 지역에 남아 있고, 어떤 이들은 우리처럼 멀리 이사해 가끔씩만 방문한다. 자식이 독립한 뒤로는 찾아오지 않아 홀로 있는 사람들도 보인다. "네 남자 친구는 어디에 있니?" 몇몇이 내게 물어본다. 우리는 서로 이야기를 나눈다. 그리고 오늘은 내가 어린 시절이 아니라, 이 마을 사람들에게 속해 있다는 느낌이 든다.

  우리는 불에 손을 쬔다. 겨울에 아버지 방에 들어갔던 기억이 떠오른다. 아버지는 내 차가운 손을 잡고는 "따뜻하게 해줄게"라고 말했다.

  불꽃 뒤편으로 내가 유치원에 가려고 걸어 다닌 길이 보인다. 네 살 때, 아버지는 그곳에서 달리기를 가르쳐주었다. "팔을 앞뒤로 흔들면 앞으로 더 잘 나아갈 수 있어."

불꽃이 사방으로 번진다. 재와 불꽃, 연기, 나무 타는 소리 그리고 속삭임. 그것은 붙잡을 수도, 측정할 수도, 예측할 수도 없다. 그리고 한순간, 불꽃 속에서 문어가 솟아오른다. 문어는 촉수를 펼치며 탐색하고 느끼고 뭔가를 찾는다.

참고문헌

모토

첫 번째 모토는 폴 오스터의 《윈터 저널》(베르너 슈미츠 역, 2013) 7쪽에 수록된 문장을 인용했다.

두 번째 모토는 S. M. X.라는 필명으로 1880년 《예수 성심의 메신저 The Messenger of the Sacred Heart of Jesus》 제7권 20쪽에 〈오—늘 To-Day〉라는 제목으로 실린 기도문의 한 구절을 인용했다.

1. 멀리 있는 별빛

Frank Wilczek은 《기본 원칙들: 현대 물리학의 열 가지 원리 Fundamentals: Die zehn Prinzipien der modernen Physik》(2021)에서 적색편이 현상과 그로부터 우리가 추론할 수 있는 내용을 40쪽부터 자세히 설명했다.

Jack Hart는 《스토리 크래프트: 논픽션 내러티브 쓰기의 완벽 가이드 Story craft: The Complete Guide to Writing Narrative Nonfiction》(2011, p. 118)에서 글의 시작 부분에 지나치게 집착하지 말라고 경고했는데, 흥미롭게도 2021년 판에서는 이러한 언급이 빠져 있다.

Jonathan Franzen의 에세이 〈아버지의 뇌〉는 《혼자 있는 방법:

에세이 모음집 Anleitung zum Alleinsein: Essays》(2007, pp. 13-46)에 걸쳐 수록됐다.

독일의 세대 분포에 대해서는 독일 통계 조사 업체인 슈타티스타 Statista가 2023년 6월에 발표한 〈2022년 12월 31일 기준 세대별 독일 인구수〉 통계를 참고했다.

Lisa Genova는 《기억의 선물과 망각의 기술: 우리의 기억은 어떻게 기능하는가 Die Gabe der Erinnerung und die Kunst des Vergessens: Wie unser Gedächtnis funktioniert》(2021) 1부에서 기억의 종류를 설명하고, 14쪽에서 '걱정'과 관련된 내용을 다루고 있다. 한편 Eric Kandel은 《인간이란 무엇인가? 뇌의 장애가 인간 본성에 대해 드러내는 것들 Was ist der Mensch? Störungen des Gehirns und was sie über die menschliche Natur verraten》(2018, p. 158 이하)에서 알츠하이머병으로 인한 기억의 변화를 논의한다.

Arno Geiger의 《유배중인 나의 왕 Der alte König in seinem Exil》(2011, p. 7)에서 인용했다.

치매 관련 통계 자료는 포르자 forsa가 연구 보고서 〈질병에 대한 두려움〉(독일 DAK 건강보험공단 연구, 2021), 독일 알츠하이머협회의 보고서 《치매 유병률》(2022), 로베르트 코흐 연구소 RKI가 《건강 모니터링 저널 Journal of Health Monitoring》 제8권 제3호(2023)에 게재한 논문 〈독일의 치매: 역학, 동향과 과제〉 그리고 GBD 2019 치매 예측 공동연구팀 GBD 2019 Dementia Forecasting Collaborators이 2022년 《The Lancet Public Health》에 발표한 논문 〈2019년 전 세계 치매 유병률 추정과 2050년 전망〉(pp. e105-e125)에 제시됐다.

Martin Heidegger 의 《존재와 시간》(1927) 제42절을 참조했다.

바다달팽이 기억 연구에 대해서는 Thomas J. Carew, Vincent F. Castellucci, Eric R. Kandel이 1971년 《국제 신경과학 저널 International Journal of Neuroscience》에 게재한 논문 〈바다달팽이의 아가미-철회 반사에 대한 탈습관화와 민감화 분석 An Analysis of Dishabituation and Sensitization of the Gill-Withdrawal Reflex in Aplysia〉(pp. 79-98)을 참고할 수 있다.

Harald Welzer는 Christian Gudehus, Ariane Eichenberg, Harald Welzer가 편집한 《기억과 회상: 학제적 입문서Gedächtnis und Erinnerung: Ein interdisziplinäres Handbuch》(2010)에 실린 자신의 논문 〈기억과 기억력: 과제와 전망〉(pp. 1-10)을 통해 인간에게 기억이 갖는 의미를 성찰하고 있으며, 해당 논문의 인용문은 8쪽에 제시됐다.

Viktor Šklovskij의 〈과정으로서 예술Die Kunst als Verfahren〉은 《러시아 형식주의Russischer Formalismus》(Jurij Striedter 편집, 1971, pp. 3-35)에 수록된 글로, 인용문은 15쪽에 제시됐다.

Ulrike Vedder는 《독어독문학 학술지Zeitschrift für Germanistik》에 게재한 논문 〈붕괴에 대한 서술: 현대 문학에서의 치매와 알츠하이머Erzählen vom Zerfall: Demenz und Alzheimer in der Gegenwartsliteratur〉(2012, pp. 274-289)에서 문학이 '걱정의 양면성Ambivalenzen der Sorge'을 어떻게 조명할 수 있는지 설명했다.

2. 수집과 보관

의사가 언급한 약물의 효과에 대해서는 David S. Geldmacher, George Provenzano, Thomas McRae, Vera Mastey, John R. Ieni의 논문 〈알츠하이머병 환자의 도네페질 투여와 요양원 입소 지연 간의 연관성Donepezil is Associated with Delayed Nursing Home Placement in Patients with Alzheimer Disease〉(《미국 노인의학회 저널Journal of the American Geriatrics Society》, 2003, pp. 937-944)을 참고했다.

'박물관성Musealität'이라는 개념은 Zbyněk Z. Stránský가 《박물관학Muzeologija》에 게재한 〈박물관학의 개념Pojam muzeologije〉(1970, pp. 2-39)에서 설명했다. 또한 Milan M. Popadić의 논문 〈박물관학 개념의 기원과 유산The Origin and Legacy of the Concept of Museology〉(《박물관학의 쟁점들Вопросы музеологии》, 2017, pp. 3-12)도 이 개념을 다루고 있다.

수집 및 탈수집에 대한 공식적인 기준은 독일 박물관협회의 《지속가능한 수집: 박물관 소장품의 수집과 탈수집을 위한 실천 가이드라인Nachhaltiges Sammeln: Ein Leitfaden zum Sammeln und Abgeben von Museumsgut》(2011)에서 가져온 것으로, 31쪽 및 33쪽 이하에 제시됐다.

기억 과정에 대한 간략한 개관은 《기억과 회상: 학제적 입문서 Gedächtnis und Erinnerung: ein interdisziplinäres Handbuch》(2010)에 게재한 Carlos Kölbl와 Jürgen Straub이 〈기억의 심리학에 대해 Zur Psychologie des Erinnerns〉 22-44쪽을 참고했다. 또한 Lisa Genova의 저서 《기억의 선물과 망각의 기술: 우리의 기억은 어떻게 작동하는가 Die Gabe der Erinnerung und die Kunst des Vergessens: Wie unser Gedächtnis funktioniert》(2021) 제3장도 참고했다.

'정신적 시간 여행mental time travel' 개념은 Endel Tulving이 〈삽화기억과 자기인식적 의식: 인간만의 능력인가?Episodic Memory and Autonoesis: Uniquely Human?라는 글에서 설명하였다(《The Missing Link in Cognition》, 2005, pp. 4-56). 이와 관련된 신경과학적 연구 결과는 Sean M. Polyn, Vaidehi S. Natu, Jonathan D. Cohen, Kenneth A. Norman의 〈기억 탐색 중 범주 특이적 대뇌 피질 활성의 인출 선행 효과Category-Specific Cortical Activity Precedes Retrieval During Memory Search〉(《Science》, 2005, pp. 1963-1966)에 제시됐다.

'관람의 자세Gebärde der Besichtigung' 개념은 Horst Rumpf를 참조하여 Eva Sturm이 발전시켰다. Eva Sturm의 〈박물관화와 현실 상실Museifizierung und Realitätsverlust〉은 《박물관화라는 시대 현상: 현재의 소멸과 기억의 구성Zeitphänomen Musealisierung: Das Verschwinden der Gegenwart und die Konstruktion der Erinnerung》(1990, pp. 99-113)에 나오며, 인용문은 99쪽에서 찾을 수 있다.

3. 불안

Endel Tulving의 〈삽화기억과 자기인식적 의식: 인간만의 능력인가?〉은 《인지에서 결여된 연결고리The Missing Link in Cognition》(2005, p. 17)에 제시됐다.

미래 계획을 위한 기억의 역할에 관해서는 《논문집: 사회학 이론에 관한 연구Gesammelte Aufsätze: Studien zur soziologischen Theorie》에 수록된 Alfred Schütz의 〈티레시아스 또는 미래 사건에 관한 우리의 지식Tiresias oder unser Wissen von zukünftigen Ereignissen〉(1972, pp. 259-278)을, 인용문은 277쪽을 참고했다.

Edmund Husserl의 《시간의식에 관한 베르나우 원고 (1917/18) Die Bernauer Manuskripte über das Zeitbewusstsein (1917/18)》(2001) 제2절과 Giambattista Vico의 《여러 민족의 공통된 본성에 관한 새로운 학문의 원리들Prinzipien einer neuen Wissenschaft über die gemeinsame Natur der Völker》 (1990) 제2권 제819절(p. 463) 참고했다.

4. 현실 공유

Nikolai Gogol은 1997년 출간된 단편 《코Die Nase》의 77쪽에서 주인공의 코가 몸에서 떨어져 나와 독립된 관료처럼 활보하는 기이한 사건을 묘사한다. George Saunders는 2022년 뮌헨에서 출간된 《비 오는 연못에서 헤엄치기: 러시아 거장들로부터 읽기, 쓰기, 삶을 배우다Bei Regen in einem Teich schwimmen: Von den russischen Meistern lesen, schreiben und leben lernen》의 394쪽에서 관련 내용을 언급했다.

Friedrich Schleiermacher는 1838년 베를린에서 출간된 저서 《해석학과 비판Hermeneutik und Kritik》의 서론 9.2절에서 '이해'의 개념을 설명한다.

Melanie Klein은 자신의 글 〈고독에 대하여Zum Gefühl der Einsamkeit〉(《멜라니 클라인 전집》제3권(2000, pp. 473-493)에서 충족되지 못한 동반자에 대한 욕구를 기술한다.

Cornelia Bast의 작품 〈포쿵 비르쿠스Fokung Wirkus〉에 관한 설명은 2019년 1월 9일부터 28일까지 빈 응용예술대학교에서 개최된 '치매, 예술, 사회Dementia, arts, society' 전시회의 카탈로그(2019, p. 12 이하)에 수록됐다.

Gerald Echterhoff, E. Tory Higgins, John M. Levine은 2009년 학술지《심리학의 관점들 Perspectives on Psychological Science》에 발표한 〈공유 현실: 세계에 대해 타인과 내면적으로 연결되는 경험 Shared Reality: Experiencing Commonality With Others' Inner States About the World〉라는 논문 (pp. 496-521)에서 '공유 현실'의 중요성에 대해 탐구한다.

5. 가끔은 평화롭게

Elizabeth F. Loftus와 Jacqueline E. Pickrell은 1995년《정신의학 학술지 Psychiatric Annals》에 발표한 논문〈거짓 기억의 형성 The Formation of False Memories〉(1995, pp. 720-724)에서 거짓 기억이 만들어질 수 있음을 보여주며 인용문은 724쪽을 참고했다.

Lisa Genova의《기억의 선물과 망각의 예술: 우리의 기억은 어떻게 기능하는가 Die Gabe der Erinnerung und die Kunst des Vergessens: Wie unser Gedächtnis funktioniert》(2021) 105쪽 이하와 제7장 그리고 Frederic Bartlett의《기억하기: 실험 및 사회 심리학 연구 Remembering: A Study in Experimental and Social Psychology》(1932) 20쪽을 참고했다.

Alfred Schütz의 논문 모음집《사회학 이론 연구 논문집》에 수록된 〈티레시아스 또는 미래 사건에 관한 우리의 지식 Tiresias oder unser Wissen von zukünftigen Ereignissen〉(1972, pp. 259-278)을, 인용문은 276쪽을 참고했다.

Sigmund Freud의《프로이트 전집》(1952)에 수록된〈방어 신경정신증 Die Abwehr-Neuropsychosen〉제1권(pp. 57-74).

학술지《American Psychologist》(1980)에 게재된 Anthony G. Greenwald의 논문〈전체주의적 자아: 개인 역사에 대한 조작과 수정 The Totalitarian Ego: Fabrication and Revision of Personal History〉.

John Kotre의《기억의 흐름: 기억은 어떻게 삶의 이야기를 기록하는가 Der Strom der Erinnerung: Wie das Gedächtnis Lebensgeschichten schreibt》(1998).

Siri Hustvedt의 에세이집《어머니들, 아버지들 그리고 가해자

들: 에세이》(2023, p 113)을 인용했다.

6. 긴급 대피소

Sarah Wicklund와 Mark Wright는 《신경정신의학 및 임상신경과학 저널Journal of Neuropsychiatry and Clinical Neurosciences》(2012)에 발표한 〈도네페질로 인한 조증Donepezil-Induced Mania〉 논문(p. E27)에서 도네페질과 '과잉 글쓰기 증상' 사이의 연관성을 기술했다.

Georg Wilhelm Friedrich Hegel의 인용문은 20권으로 출간된 《헤겔 전집》(1986) 중 제1권인 《초기 저작들》 346쪽에 수록됐다.

플라톤의 대화편은 《플라톤 전집》 제2권(pp. 539-610) 《파이드로스Phaidros》에 수록됐으며, 해당 인용문은 603쪽 이하에 기재됐다.

Titus Livius의 인용문은 《로마의 역사Römische Geschichte》(1821) 제2권 제6서 제1절(p. 3)에 수록됐다.

Annie Ernaux의 인용문은 《세월Die Jahre》(2017) 9쪽 이하와 80쪽에 수록된 내용을 인용했다.

Abby S. Boytos와 Kristi A. Costabile은 《메모리Memory》에 발표한 〈대화 회상을 통한 공유 현실, 기억 목표 충족 그리고 심리적 안녕Shared Reality, Memory Goal Satisfaction, and Psychological Well-Being During Conversational Remembering〉(2023, pp. 689-704)에서 공동의 기억이 갖는 중요성을 연구한다.

7. 소중한 파편들

Marcel Proust는 《잃어버린 시간을 찾아서Auf der Suche nach der verlorenen Zeit》 제1권 《스완네 집 쪽으로Auf dem Weg zu Swann》(2013, p. 70).

비자발적 기억과 관련한 과학적 연구는 Dorthe Berntsen의 1998년 논문 〈자전적 기억에 대한 의도적 및 비자발적 접근Voluntary and Involuntary Access to Autobiographical Memory〉(《Memory》, pp. 113-141)을 참

고했다.

《Applied Memory》(Matthew R. Kelley 편집, 2009)에 기재된 John H. Mace와 Elizabeth Atkinson의 〈일상적인 비자발적 자전적 기억의 기능을 규명할 수 있는가Can We Determine the Functions of Everyday Involuntary Autobiographical Memories?〉(pp. 199-212).

Dorthe Berntsen, David C. Rubin, Sinue Salgado이 《의식과 인지Consciousness and Cognition》에 발표한 논문 〈비자발적 자전적 기억과 미래 사고의 빈도: 백일몽, 정서적 고통, 연령과의 관계The Frequency of Involuntary Autobiographical Memories and Future Thoughts in Relation to Daydreaming, Emotional Distress, and Age〉(2015, pp. 352-372).

《The Psychologist》에 실린 Rosemary J. Bradley, Chris J. A. Moulin, Lia Kvavilashvili의 〈비자발적 자전적 기억Involuntary Autobiographical Memories〉(2013, pp. 190-193).

《SAGE Open》에 실린 Junya Hashimoto, Noriaki Kanayama, Makoto Miyatani, Takashi Nakao의 논문 〈일본 성인을 대상으로 한 긍정적 비자발적 자전적 기억의 기분 회복 효과: 실험 연구The Mood Repair Effect of Positive Involuntary Autobiographical Memory Among Japanese Adults: An Experimental Study〉(2022, pp. 1-12).

《Memory》에 발표한 Aleksandra E. Isham, Lynn A. Watson, Barbara Dritschel의 〈행복했던 시간에 대한 슬픈 반추: 우울 취약성과 긍정적 자전적 기억 회상 시의 슬픔과 행복 경험Sad Reflections of Happy Times: Depression Vulnerability and Experiences of Sadness and Happiness Upon Retrieval of Positive Auto biographical Memories〉(2022, pp. 1288-1301).

Marigold Linton은 《자전적 기억Autobiographical Memory》(David C. Rubin 편집, 1986, pp. 50-67)에서 '소중한 파편들precious fragments'이라는 표현을 사용한다. 53쪽을 인용했다.

트라우마 경험의 영향에 관한 연구는 Sigmund Freud의 《프로이트 전집》(Anna Freud 외 편집) 16권(1950, pp. 43-56)에 수록된 〈분석 속 구성Konstruktionen in der Analyse〉,《국제 정신분석학 저널International Journal of Psychoanalysis》에 발표한 Dori Laub과 Nanette Auerhahn의 〈거대한 정신적 트라우마의 인식과 비인식: 외상 기억의 형태들Knowing and not Knowing Massive Psychic Trauma: Forms of Traumatic Memory〉(1993, pp. 287-302)과 같은 저자가《정신분석 심리학Psychoanalytic Psychology》에 발표한 〈실패한 공감 – 홀로코스트 생존자 경험의 중심 주제Failed Empathy – a Central Theme in the Survivor's Holocaust Experience〉(1989, pp. 377-400),《임상 신경과학 담론Dialogues in Clinical Neuroscience》에 실린 J. Douglas Bremner의 〈트라우마성 스트레스: 뇌에 미치는 영향Traumatic Stress: Effects on the Brain〉(2006, pp. 445-461)을 참고했다.

Siri Hustvedt의 인용문은《어머니들, 아버지들 그리고 가해자들: 에세이》(2023) 93쪽에 수록됐다.

트라우마적 사건 이후 반복적으로 떠오르는 일상적 고통의 기억 현상에 대하여 Dorthe Berntsen와 David C. Rubin은《기억과 인지Memory & Cognition》(2008, pp. 449-460)에 발표한 논문 〈재출현 가설의 재검토The Reappearance Hypothesis Revisited〉에서 분석한다.

Almudena Grandes의《빵에 입맞춤하다Los besos en el pan》에서 제1부 〈마드리드 중심가의 어느 동네〉(2020) 14쪽을 인용했다.

Felix Salten의《밤비: 숲속의 삶》(1922) 제12장.

Naomi Feil, Vicki de Klerk-Rubin은《인정 치료Validation》제12판 (2023)에서 노인 대상의 인정 치료 방법에 대해 설명한다.

8. 현장 봉인

Søren Kierkegaard는《반복Die Wiederholung》(1984)에서 삶의 반복 가능성에 대해 언급하고 있으며, 인용문은 28쪽에서 발견할 수 있다.

무한함이라는 환상에 대해서는 Janosch Schobin의 함부르크 사회연구소가 간행하는 학술지《미텔벡 36(Mittelweg 36)》에 게재한 〈여섯 가지 색과 세 개의 회전축: 우정 속 의무에 대한 시도Sechs Farben und drei Rotationsachsen: Versuch über Verpflichtungen in Freundschaften》(2008, pp. 17-41)를 참고했다.

'근원적인 걱정'과 그에 대한 우리의 태도에 대해서는 Alfred Schütz의《논문집 I: 사회 현실의 문제Gesammelte Aufsätze I: Das Problem der sozialen Wirklichkeit》(1971, p. 262), Alfred Schütz와 Thomas Luckmann 이 공동 집필한《생활세계의 구조Strukturen der Lebenswelt》(2017, 제2판, p. 88 이하)를 참고했다.

가족 구성원을 더 이상 알아보지 못하는 '단절의 순간'에 대한 다양한 목소리는 Katharina Rensch의《도전인가 과부하인가? 치매 환자를 돌보는 가족의 간병과 돌봄Herausforderung oder Überforderung? Pflege und Betreuung demenzkranker Menschen durch Angehörige》(2012, p. 171 이하)에 서 참고했다.

9. 복원 가능한 범위 안에 있는 세계

세계가 복원 가능한 범위 안에 놓여 있다는 인식과 관련해서 Alfred Schütz의 논문 모음집《논문집 I: 사회 현실의 문제》(1971, p. 355) 참고했다.

Moritz Baßler는《대중 리얼리즘: 현대 서사의 국제적 스타일 에 대하여Populärer Realismus: Vom International Style gegenwärtigen Erzählens》(2022, p. 237 이하)에서 '귀환'이라는 해결 모델에 대한 비판적 분석을 시도 한다.

Katharina Rensch의《도전인가 과부하인가? 치매 환자를 돌보 는 가족의 간병과 돌봄》(2012, p. 151 이하)에서 치매 환자 가족의 경 험에 관한 보고했다.

Gabriele von Arnim의 인용문은《인생은 일시적인 상태Das Leben ist ein vorübergehender Zustand》(2021) 제6장에서 발췌했다.

네덜란드에서 있었던 존엄사 사례는 지역 안락사 통제 위원회 가 기록한《2016년도 연례보고서Jahresbericht 2016》(2017, p. 55 이하)에 수록됐다. 이에 상응하는 사유 실험은 Ronald Dworkin의《생명의 지배: 낙태, 안락사, 그리고 개인의 자유에 대한 논변Life's Dominion: An Argument About Abortion, Euthanasia, and Individual Freedom》(1993, p. 220 이하)에 수록됐다.

Donna J. Haraway의《불안 속에 머물기: 크툴루세네의 종들 간의 친족 관계Unruhig bleiben: Die Verwandtschaft der Arten im Chthuluzän》(2018) 제2장에서 '촉수적 사고tentacular thinking' 개념을 언급하고 있으며, 그 맥락에서 문어가 같은 책 80쪽에 등장한다.

Kim de l'Horizon의 인용문은《피의 책Blutbuch》(2022, p. 247 이하)에 수록됐다.

10. 수치심을 극복하기 위한 시도

자전적 기억과 관련해서 Michael Corsten은《생애와 사회화Lebenslauf und Sozialisation》(2020)의 〈자전적 기억과 의사소통적 기억Autobio grafische Erinnerung und kommunikatives Gedächtnis〉(pp. 311–322)에서 그 개념을 설명한다.

Robyn Fivush와 Widaad Zaman은《The Oxford Handbook of Identity Development》(Kate C. McLean과 Moin U. Syed 편집, 2015, pp. 33-52)에 실린 글 〈젠더화된 서사적 목소리: 아동기와 청소년기 정체성 형성에 대한 사회문화적 및 페미니즘적 접근〉에서 부모와 자녀의 의사소통에서 나타나는 차이에 대해 언급한다.

Dan P. McAdams는《일반심리학 리뷰Review of General Psychology》(2001, pp. 100–122)에서 발표한 논문 〈생애 서사의 심리학The Psychology of Life Stories〉에서 서사적 정체성 개념을 정리한다.

George Herbert Mead는《마음, 자아 그리고 사회Mind, Self and Society》(1934, p. 152 이하)에서 '일반화된 타자' 개념을 발전시켰다.

Daniel Schreiber의 인용문은 그의 저서《혼자Allein》(2021) 57쪽에서 발췌된 것이다.

Siri Hustvedt의 에세이집 《어머니들, 아버지들, 그리고 가해자들: 에세이》(2023, p. 113)에서 수치심의 조건에 대해 논한다.

Hannah Aldridge, Paul Fisher, Ken Laidlaw는 학술지 《치매 Dementia》에 2019년 발표한 연구 논문 〈치매 환자의 수치심 경험: 해석학적 현상학 분석〉(pp. 1896-1911)에서 수치심에 대해 다룬다.

Ruth Palan Lopez, Karen M. Rose, Lauren Kenney, Victoria Sanborn, Jennifer Duncan Davis가 《미국 정신간호사협회 저널 Journal of the American Psychiatric Nurses Association》에 2019년 발표한 논문 〈수치심에 대응하기: 치매 환자 가족에게 낙인이 나타나는 방식에 대한 근거 이론 연구 Managing Shame: A Grounded Theory of How Stigma Manifests in Families Living With Dementia〉(pp. 1-8).

Ingrid Hanssen, Flora M. Mkhonto, Hilde Øieren, Malmsey L. M. Sengane, Anne Lene Sørensen, Phuong Thai Minh Tran의 《간호 윤리 Nursing Ethics》(2022, pp. 344-355)에 발표한 논문 〈중증 치매 환자의 장기 요양시설 입소 이전에 나타나는 결정 전 후회 Pre-Decision Regret Before Transition of Dependent with Severe Dementia to Long-Term Care〉.

배우자 상실과 관련해서 Onja T. Grad와 Anka Zavasnik이 《자살 연구 아카이브 Archives of Suicide Research》(1999, pp. 157-172)에 게재한 논문 〈배우자의 자살, 교통사고, 말기 질환 이후의 애도 과정에 대한 현상학적 연구 Phenomenology of Bereavement Process After Suicide, Traffic Accident and Terminal Illness (in Spouses)〉를 참고했다.

퀴어에 대한 수치심 관련해서는 《아웃사이드: 퀴어 공간의 정치학 Outside: Die Politik queerer Räume》(Matthias Haase 편집, 2005, pp. 13-37)에 수록된 Eve Kosofsky Sedgwick의 〈퀴어 수행성: 헨리 제임스의 소설의 예술 Queere Perfor mativität: Henry James's The Art of the Novel〉을 참고했다.

일반적인 수치심과 관련해서는 Erving Goffman의 《낙인: 손상된 정체성의 극복을 위한 기술에 대하여 Stigma: Über Techniken der Bewältigung beschädigter Identität》(1975, p. 10)을 참고했다.

프랑크푸르트 지방법원에서 열린 한 사건에 대한 보도는 Stefan Behr가 2023년 7월 21일자 《프랑크푸르터 룬트샤우Frankfurter Rundschau》 신문 온라인판에 게재한 기사 〈천천히 사라지는 어머니〉와 Raquel Erdtmann이 2023년 7월 29일자 《프랑크푸르터 알게마이너 차이퉁Frankfurter Allgemeine Zeitung》 신문 3면에 게재한 기사 〈설명할 수 없는 행위〉에서 다루고 있다.

인용문들은 Arno Geiger의 《유배 중인 나의 왕Der alte König in seinem Exil》(2011, p. 133), Berthe Arlo의 《밤새우기Nachts wach》(2022, p. 7), Gabriele von Arnim의 《인생은 일시적인 상태Das Leben ist ein vorübergehender Zustand》(2021) 제2장, Ulrich Greiner의 《수치심 상실: 감정 문화의 변화에 대하여Schamverlust. Vom Wandel der Gefühlskultur》(2014, p. 22)를 참조했다.

Vinciane Despret의 발언은 Laura Raim이 연출한 다큐멘터리 영화 《우리가 슬퍼하지 않는다면? 철학자 빈시아느 데프레와 함께하는 열린 사유Und wenn wir nicht trauern würden? Offene Ideen mit Vinciane Despret》(UPIAN-ARTE France, 2021)에서 진행된 인터뷰에서 나온 것이다.

11. 친구 놀이

Harold Bloom의 《영향력 불안: 시에 관한 이론》(1995, pp. 18, 83)에서 인용했다.

Sandra M. Gilbert와 Susan Gubar의 《다락방 속의 미친 여자: 여성 작가와 19세기 문학적 상상력The Madwoman in the Attic: The Woman Writer and the Nineteenth-century Literacy Imagination》(1979) 1부 제2장.

Céline Kaiser는 《주체의 장면구성Szenographien des Subjekts》(2018, Lars Friedrich, Karin Harrasser, Céline Kaiser 편집, pp. 81-95)에 수록된 〈허구의 버스 정류장Die fiktive Bushaltestelle〉에서 회피 경향성과 접근 경향성을 분석한다.

질병에 대한 두려움과 관련된 최신 통계는 포르자forsa 연구소의

《질병에 대한 두려움 Angst vor Krankheiten》(DAK 연구소, 2022)에서 확인하였으며, 2023년 통계 결과에서는 남성은 43%, 여성은 47%로 감소한 것으로 나타난다.

Geoffroy de Lagasnerie의 《3 – 삶의 바깥에서: 우정에 대한 찬사 3 – Ein Leben außerhalb: Lob der Freundschaft》(2023, p. 16).

'책임 공동체' 개념은 독일 정당 SPD, 녹색당(Bündnis 90/Die Grünen), FDP가 작성한 《더 많은 진보를 위하여: 2021-2025년 연정 협정서 Mehr Fortschritt wagen: Koalitionsvertrag 2021-2025》(2021) 80쪽에 명시됐다.

Donna J. Haraway의 《불안 속에 머물기: 크툴루세네의 종들 간의 친족 관계 Unruhig bleiben: Die Verwandtschaft der Arten im Chthuluzän》(2018) 9쪽과 142쪽 그리고 제4장.

James Bridle의 《존재의 엄청난 다양성 Die unfassbare Vielfalt des Seins》(2023) 제5장과 제6장.

치매 조기 진단 관련 자료는 《치매 Dementia》(2022, pp. 822-833)에서 발표한 Suzanne E. Schindler의 〈치매 진단을 위한 체액 바이오마커 Fluid Biomarkers in Dementia Diagnosis〉, 《알츠하이머와 치매 Alzheimer's & Dementia》(2018, pp. 1505-1521)에서 발표한 Leslie M. Shaw, Jalayne Arias, Kaj Blennow, Douglas Galasko, José Luis Molinuevo, Stephen Sal loway, Suzanne Schindler, Maria C. Carrillo, James A. Hendrix, April Ross, Judit Illes, Courtney Ramus, Sheila Fifer 의 〈알츠하이머병 진단을 위한 요추천자 및 뇌척수액 검사 적정 사용 기준 Appropriate Use Criteria for Lumbar Puncture and Cerebrospinal Fluid Testing in the Diagnosis of Alzheimer's Disease〉, 치매 신약 레켐비 Leqembi의 승인에 관해서는 미국 식품의약국 FDA의 2023년 1월 6일자 보도자료 《FDA, 알츠하이머병 치료제에 신속 승인 FDA Grants Accelerated Approval for Alzheimer's Disease Treatment》을 참고했다.

《일반심리학 리뷰 Review of General Psychology》(2001, pp. 100-122)에 발

표한 Dan P. McAdams의 논문 〈생애 서사의 심리학The Psychology of Life Stories〉(p. 114)을 인용했다.

Ursula K. Le Guin은 《세계의 가장자리에서 춤추기: 말, 여성, 장소에 대한 성찰들Dancing at the Edge of the World: Thoughts on Words, Women, Places》(1989, pp. 165-170)에서 '소설의 캐리어 백 이론The Carrier Bag Theory of Fiction'을 설명했다.

Vinciane Despret의 발언은 Laura Raim이 연출한 다큐멘터리 영화 《우리가 슬퍼하지 않는다면? 철학자 빈시아느 데프레와 함께하는 열린 사유Und wenn wir nicht trauern würden? Offene Ideen mit Vinciane Despret》(UPIAN-ARTE France, 2021)에서 진행된 인터뷰에서 발췌했다.

Alte Eltern